触法少年の知能プロファイリング

犯罪心理学へのシミュレーション・アプローチ

〔著〕**緒方 康介**
Kohske OGATA

〔監修〕**山本 恒雄**
Tsuneo YAMAMOTO

薬師寺 順子
Junko YAKUSHIJI

現代図書

巻頭言

社会福祉法人恩賜財団母子愛育会 愛育研究所 客員研究員

山本 恒雄

　非行相談は子ども家庭福祉分野におけるソーシャルワーク、臨床心理学においてきわめて重要な領域のひとつである。しかし今日、子ども家庭福祉の臨床課題といえば、子ども虐待かトラウマ、発達障害や家庭養育機能と社会的養護問題がもっぱらの注目テーマである。非行問題は、時おり少年法事件に関連して取り上げられることはあっても、子ども家庭福祉における検討課題として取り上げられることはめっきり少なくなった。事実、少年犯罪・少年非行は少子化の波のなか、刑事司法における認知件数においても、子ども家庭福祉分野での相談件数においても減少してきており、さらに子ども虐待や家庭養育機能の不全に関連する相談件数の著しい増加のなか、非行相談分野は相対的にさらに小さくなって、注目されない領域となっている。ただし、子ども家庭福祉の相談現場に身を置くとおのずと明らかなのだが、非行相談に登場する子どもの多くが、実は深刻な身体暴力や性暴力の潜在的被害者であり、同時に家庭養育の機能不全に絡む様々なトラブルをほぼ必ず経験しており、さらにかなりの比率で発達障害に類する特性を示している子どもでもある。こうした具体的な子どもの姿を目の当たりにすると、実は非行相談こそが、今日的な子ども家庭福祉領域の重要課題である子ども虐待やトラウマ、発達障害、家庭養育機能をめぐる社会的養護問題についての複雑かつ深刻な重要複合領域のひとつであることが分かる。

　子ども家庭福祉相談において非行相談への注目度が下がってきたもうひとつの理由に学術研究と臨床現場の協働困難がある。今日、福祉行政サービスにおける相談事例情報の統制・守秘義務の遵守は、ごく限られた

子ども虐待問題などの国による調査を除き、多くの事例経験に根ざした客観的・実証的研究、またそれらの継続的な研究報告をほぼ絶滅状態に追い込んできた。かつて厚生省、厚生労働省が監修する児童相談事例集に多くの現場職員が投稿していた頃を知る者にとって隔世の感がある。もとより、その変化には重要な意味があり、責任ある臨床家として、抜き差しならない気づきと反省、自覚に基づく体制整備が進められてきた過程がある。しかし、同時に政策管理当局としての社会防衛上の急迫があったことも事実である。結果的に、その現場に居なければおそらく知ることもない多数の貴重な事例経験に基づく研究とその報告は半ば封じられてきた。さらに多くの病欠者・中途退職者を出すまでの過酷な現場業務の多忙・逼迫が増大してきたことも重なり、子ども家庭福祉相談の臨床は、そこでしか出会えない貴重な臨床経験の場でありながら、学術的な検証・研究とその成果に基づく社会への情報発信の機能を大きく制限されてきた。

この隘路をくぐり抜け、限られた条件のもとで、研究と情報発信の手立てを切り開いてきた、貴重な努力の一例がまさに本書の緒方氏の研究活動である。個人的に振り返ると、共に子ども家庭福祉の相談現場にあったときには、ゆっくり話し合う機会も余裕もなかったように思う。現場を離れ、自身が調査研究に活動の重点を変えてから、あらためて緒方氏のそれまでの、そしてまさにその都度の時点での作業と向き合う過程が始まったように記憶している。本書はその緒方氏の臨床現場における研究手法開拓の経過報告であり（IV章）、またその具体的な手法の開拓の過程を伝達することに重要な目的がある（V章以下）。

非行相談についての臨床心理学において、知的能力をめぐる研究は古くて新しいテーマである。本書の中に詳しく報告されているが、最近の犯罪学においては、操作的な定義に基づき、統計的に標準化された「知的能力」に属する諸因子は、犯罪行為の形成に関する有意なリスク因子には当たらないことが概ね確認されてきている[1]。「知的能力」は最近の認知科学に至る検討経過の中では概ね、「当事者が身を置く様々な環境において、目標

を適切に達成する能力」といった定義に収斂してきているようにみえる[2]。確かにこの「目標」が実は様々な環境的要因や情緒的要因によって次元そのものから多様に変化すると考えると、例えば「盗みの成功」に「目標」が置かれた場合、「知的能力」はその盗みの成功のために発揮された能力によって測られることになる。他方、「現状において最も社会的に適切な行動の選択」が「目標」になった場合、「盗み」という行動選択や「盗みの成功」といった目標選択は、その他の選択肢との比較検討においてそうそう採用されない可能性が高い。結果的に適切な行動選択のために発揮された能力として「知的能力」が測られることになる。ある次元では「知的能力」は盗みを成功させる能力であり、他の次元ではより適応的で反社会的な問題を回避する行動選択を成功させる能力にもなるということである。この観点において、WISC や WAIS 知能検査群はこうした定義特性によく適合してきたようにも思われる。

さて、こうした認識のもとで、「当事者が身を置く様々な環境において、目標を適切に達成する能力として測定される知的能力」は、少年犯罪、少年非行の臨床現場において、確かに犯罪を起こすリスク因子ではなくても、相変わらず重要な情報であり続ける。特に WISC、WAIS 知能検査群では、多くの下位検査の構築により、単一の知能指数を算出するだけなく、様々な群指数が算出されるようになって以来（実はこの方法の最初の先駆者は知能検査の原点に立つビネーだが）、ある子どもに「君はこの出来事をどうみているの？」とか「あなたは今、この出来事の何に注目している？」とか「これから何をどうしていくつもり？」とか「それでどうなると思う？」とか話すとき、「知的能力」に関する解析情報は、その子どもを理解し、支援する上で極めて重要な参照情報のひとつとなる。

本書の前半で、読者はこれらの事項に関する歴史的な諸研究の概要経過を読むことになる（第 I ～ III 章）。より詳しく知りたい人には引用されている文献目録が役に立つだろう。そして、IV 章の臨床現場における研究手法開拓のための工夫点の呈示を経て、V 章以下で、その IV 章の発想を原点

とした具体的な手法の展開とその成果の例示をみることになる。

　子ども家庭福祉の臨床現場にある多くの実務家にとって、ここに登場する統計解析の手法や、今日データサイエンスと呼ばれる領域の知見は、まだなじみの薄い世界かもしれない。しかし時代はすでに文系・理系の枠を超え、社会科学における様々な検証においても、これらの手法を駆使してデータ検証すること、「だいたいにおいて、もしもこれくらいの条件を前提としたときには、この程度の見立てをしても大丈夫か？」といったような絞り込み条件を通じて算出される確率的な信頼性を評価の基準とすることが必須の型となりつつある。また、これらの検証には、大げさなスーパーコンピュータがなくても、手元の PC を使うだけで相当なデータ解析が可能となってきている。それらをツールとして使いこなす基礎的な力量がチームとしての研究の展開と共に求められる時代となっている。緒方氏の研究過程はこの点でも開拓的な過程をたどってきている。

　もちろんこの分野では、従来の臨床研究としての事例研究では通常、想定されてこなかった、「反復検証と反証の可能性を保障し、修正を繰り返すこと」が必須となる。ある時点での選択はすべて 1 回限りであり、厳密な意味でのやり直しや再現的検証が効かないのが人の人生の基本であり、そうした人の生きざまとその経過を扱おうとするのではあるが、守秘義務に縛られている個別の事例研究とは別の道を取るデータ解析においては、常に反復・修正の可能性を繰り返し追求できる技術が問われる。その意味では今回の緒方氏の研究結果も、まだまだ今後とも反復・修正と新たな試みと改変、作り込みが続く研究過程の途上にある。

　本書において示されているような、限られた事例経験からの貴重なデータを得ることができたとしても、例えばそれをより広い一般的な母集団を対象群として特性比較しようとするとき、あるいは全体としては異なる状態像を示しつつも、一定の特性に関してみれば、高い共通性を示す群との統制群比較をしようとするとき、「研究者」であるよりも「実務担当者」の立場にある者は、それらのデータを得ることが容易でない。これは従来か

ら、臨床現場の「実務担当者」の研究が持つ限界点のひとつであった。本書に示されている研究手法には、こうした条件を何とか工夫して乗り越えようとする試みに力点が置かれている。最近のデータサイエンスはこうした限界を超えるための技法を提供しつつある。本書に示されているデータ解析の手法はまさにそうした技術の一端を示しており、今後の展開と検証が期待される領域を示している。

　本書はあるひとつの研究成果を問うような結論の書ではない。今、臨床現場で「実務担当者」の立場にあって、そこで出会う貴重な事例経験を何とか「研究」としても扱っていけるようになりたいと考え、その工夫を探している人、またそうしたあり方を支援することの意義を感じている様々な立場の人にとって、ひとつの出発点を例示する、スタートのための書である。かつて臨床の現場に身を置き、そこでしか出会えなかった経験を基にして研究の過程を紡ぎ出し、臨床の知としてその情報を社会に問い、発信していける研究者たらんとしてきた仲間とともに（緒方氏もその中の一人だが）本書が示そうとしているメッセージを、ひとつのスタートの重要な呼びかけとして共有したい。

【注】

1）Bonta, J., Andrews,D.A. (2017) 6th edition. The Psychology of Criminal Conduct. Routledge.

2）Muehlhauser, L., Salamon, L.A. (2012) Intelligence Explosion: Evidence and Import. MIRI：Machine Intelligence Research Institute.
https://intelligence.org/files/IE-EI.pdf (2021/7/31 latest accessed)

Introduction
はじめに

　本書を手に取った読者の多くは「プロファイリング」という言葉を聞いて警察の犯罪捜査における心理学的な応用技術を連想するのではないでしょうか。『Oxford Living Dictionaries』で "profiling" を検索しますと、

　　「ある領域における対象者の能力を査定・予測するため、あるいは、対象者属性を分類するのを助けるために、対象者の心理ならびに行動特性を分析した記録」
　　（The recording and analysis of a person's psychological and behavioural characteristics, so as to assess or predict their capabilities in a certain sphere or to assist in identifying categories of people）

と定義されています（https://en.oxforddictionaries.com/definition/profiling）。実際、法科学においても犯罪者プロファイリングを意味する "offender profiling" より、DNA 型鑑定の個人識別を意味する "DNA profiling" の方が多く用いられています。この辞書的定義に従いますと、行動科学・心理学でアセスメントされた対象者の心理特性を分析することは「プロファイリング」に含まれると考えられます。何らかの心理特性について、まさに「プロフィールを描くこと」がプロファイリングなのです。

　本書は心理特性のなかでも「知能」に焦点を当てました。犯罪臨床において、対象者をアセスメントするうえで知能は欠かせない心理特性であり、本書では非行少年のうち、14 歳未満で刑罰法令に触れる行為をした「触法少年」の知能プロフィールを描き出すことを目的としました。

　ところで知能に言及する際、"intelligence" という言葉は衰退を続けており、"cognitive ability" や "cognitive functioning" に取って代わられてきています。書籍中に見られる単語の使用率を算出できる Google Books Ngram

Viewer に"intelligence quotient"を入力しますと、出現開始の 1910 年代から 1930 年代のピークを過ぎたあと、1970 年代にはピーク時の 20％を下回って低迷を続けています。一方で"cognitive abilities"は 1960 年代以降に出現し始め、2000 年代以降も増加の一途をたどっており、40 倍以上の使用率へと変遷していることが読み取れます（https://books.google.com/ngrams）。ただし本邦では「認知能力」や「認知機能」という専門用語にまだ馴染みがなく、広く人口に膾炙しているとはいえないため、あえて「知能」という伝統的な訳語を採用しました。

　副題に記された「シミュレーション・アプローチ」は、犯罪心理学では目新しい方法論です。計算機統計学の勃興と併せて各種のコンピュータ・アルゴリズムが廉価に利用可能となり、旧来の伝統的方法論では推定しえなかった現象に対して、数理的な接近が不可能ではなくなってきました。その意味では、計算機上の数理モデルとはいえども、倫理的な観点から現実社会では実験禁忌な犯罪現象の解明に、シミュレーションが寄与できることは少なくないと思えます。また犯罪心理学では、その領域の特殊性から、どうしてもデータ数の少ない研究が多くなりがちでした。サンプルサイズの小ささは知見の一般化可能性を著しく減じてしまいます。理論的に推奨されるデータ数を集めることは「言うは易く行うは難し」であり、いつの時代も犯罪心理学者にとっては苦悩の種でした。万能薬でこそないものの、シミュレーションはサンプルサイズの小ささを少しでも補うための方法論として有効ではないかと期待されています。

　本書は、触法少年の知能プロフィールという犯罪心理学における古いテーマに対して、シミュレーションという新しいアプローチを適用するという 2 つの目的を備えた試みでもあります。

　なお本書では「犯罪心理学」の英訳に"Forensic Psychology"を充てています。本邦では"Criminal Psychology"を定訳としているきらいもありますが、アメリカ心理学会（American Psychological Association）の第 41 分科会（American Psychology-Law Society）でも"Forensic Psychologist"

が正式に採用されていますし、2022年現在では次のような研究テーマが紹介されています（https://www.apadivisions.org/division-41/about/resources/topics-lab）。

- ✓ 成人に対する犯罪臨床心理学（Adult Clinical/Forensic Psychology）
- ✓ 矯正心理学（Correctional Psychology）
- ✓ 対人暴力と家庭内暴力（Interpersonal & Domestic Violence）
- ✓ 取り調べ、自白、ウソ発見（Interrogations, Confessions & Deception Detection）
- ✓ 陪審員の意思決定（Jury Decision Making）
- ✓ 青少年の発達臨床心理学（Juvenile Clinical & Developmental Psychology）
- ✓ 精神保健法（Mental Health Law）
- ✓ 目撃者の記憶と子どもの目撃証言（Witness Memory: Eyewitness Identification & Child Witnesses）

　以上を踏まえて、非行臨床におけるアセスメントをテーマとした本書の犯罪心理学は"Forensic Psychology"と英訳するのが適切だと判断しました。

Contents
目　次

Cognitive profiling

Cognitive profiling

Cognitive profiling of Juveniles under
14 years of age alleged to have violated
any Criminal Law or Ordinance

Ⅰ章
児童相談所と少年非行

> 人間一般を知ることは、一人の人間を知ることよりもたやすい。
>
> *La Rochefoucauld*

1．少年非行の認知件数

　犯罪心理学の教科書を紐解くと、冒頭で犯罪の統計が語られ、年次推移がグラフで示されることがある。脳の神経生理を説明する序盤の章に面食らって、心理学の教科書を諦めてしまう多くの文系学生と同様に、犯罪「心理学」に興味を持ち始めた頃の初学者を意気消沈させがちではあるものの、個別臨床的な理論や知見と同じくらいに統計数値が語る全体像を知ることは重要である。

　代表的な公的統計として、『警察白書』の刑法犯認知件数がしばしば取り上げられる。認知件数は、目撃者や被害者から警察に届出があり、かつ、警察がそれを受理した数値であるため、当然、暗数の問題は避けられず、日本で発生したすべての犯罪件数を表してはいない。しかし、犯罪情勢を知るために最も多く引用される統計であるため、Figure 1-1 に近年の動向を示した。

　犯罪少年は 14 歳以上 20 歳未満と定義されている。Figure 1-1 から、認

1

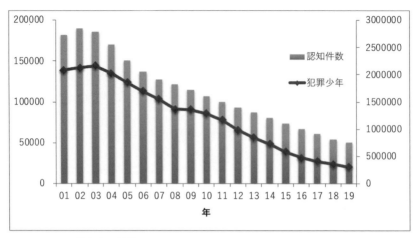

Figure 1-1　警察庁の統計

認知件数は刑法犯認知件数（右軸）、犯罪少年は「犯行時及び処理時の年齢がともに14歳以上20歳未満の少年」で刑法犯認知件数に占める内数（左軸）、2001 〜 2019年、時間の単位は年度（4〜3月）ではなく年（1 〜 12月）、警察庁の『犯罪統計資料』より作成（https://www.npa.go.jp/）

知件数のうち、少年による犯罪は概して3−6％であり、21世紀に入って20年弱の間に約7分の1に減少していることが読み取れる。警察庁の認知件数は犯罪統計として頻繁に引用されがちではあるものの、14歳以上の犯罪少年による内数が示されているのみであり、少年非行の動態を知るには不十分である。警察庁には少年警察の公的統計もあり、非行少年の補導件数が報告されている。Figure 1-2に警察庁による少年警察に係る公的統計を示した。

　Figure 1-2に示した触法少年は、14歳未満で刑法に規定された犯罪を行った少年の件数であるが、特別刑法に触れる行為をした触法少年は含まれていない。過去20年弱の間に補導された触法少年の事件は最大20,000件を超えていたが、近年では6,000件程度となり、約3分の1に減少している。虞犯少年の事件も件数としては、1,000−2,000件程度ではあるものの減少してきている。不良行為少年も同様に、最大値の約4分の1にまで減少しているが、依然として350,000件を超えている。対象年齢が記され

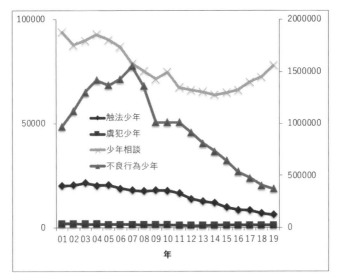

Figure 1-2　非行少年の補導件数と少年相談件数

触法少年は刑法犯の罪に触れる行為をした少年（左軸）、虞犯少年は少年法第 3 条 1 項 3 号
の少年（左軸）、少年相談は「警察が受理した少年相談の件数」（左軸）、不良行為少年は、少
年警察活動規則第 2 条 1 項 6 号の少年（右軸）、2001 ～ 2019 年、時間の単位は年度（4 ～
3 月）ではなく年（1 ～ 12 月）、警察庁の『少年の補導及び保護の概況』より作成（https://
www.npa.go.jp/）

ておらず不明ではあるものの、少年相談は過去 20 年弱の間で 5 分の 4 程
度に減少している。ただし、2014 年を底にして近年は増加傾向であること
に留意が必要である。

　なお、警察には少年非行に対応する専門部署として少年サポートセン
ターが 191 箇所（警察庁：2006 年時点）、専門職員として少年補導職員が約
890 人（警察庁：2017 年時点）、少年相談専門職員が約 100 人（警察庁：2006
年時点）配置されている。警察による少年相談や少年補導は一般人にも身
近であり、非行少年を対象とした犯罪心理学としても連想しやすいが、本
邦において非行臨床を実践している専門機関は警察だけではない。

2．非行少年の定義

　犯罪心理学では非行少年の定義を少年法に求めることが多い。少年法では「審判に付すべき少年」として非行少年を3分類している（Table 1-1）。

犯罪少年

　第3条1項1号が犯罪少年の規定である。少年法における「少年」とは第2条1項に定められた「二十歳に満たない者」である。非行少年として語られることが多いのは、この犯罪少年である。日本における犯罪心理学も矯正心理学から始動しており、少年鑑別所や家庭裁判所での実践を中心に展開されたため（緒方、2015b）、概ね16-19歳の少年に対する臨床的知見が（量の多寡はともかく）蓄積されてきた。その結果、本研究が対象とする14歳未満の非行少年に関する犯罪心理学は脆弱と言わざるをえない。

Table 1-1　少年法第3条に規定される非行少年

第3条	次に掲げる少年は、これを家庭裁判所の審判に付する。
1項	
1号	罪を犯した少年
2号	14歳に満たないで刑罰法令に触れる行為をした少年
3号	次に掲げる事由があって、その性格又は環境に照して、将来、罪を犯し、又は刑罰法令に触れる行為をする虞のある少年
イ	保護者の正当な監督に服しない性癖のあること。
ロ	正当な理由がなく家庭に寄り附かないこと。
ハ	犯罪性のある人若しくは不道徳な人と交際し、又はいかがわしい場所に出入すること。
ニ	自己又は他人の徳性を害する行為をする性癖のあること。
2項	家庭裁判所は、前項第2号に掲げる少年及び同項第3号に掲げる少年で14歳に満たない者については、都道府県知事又は児童相談所長から送致を受けたときに限り、これを審判に付することができる。

触法少年

　第3条1項2号が触法少年の規定である。「罪を犯した」ではなく「刑罰法令に触れる行為」と定義されている。刑罰法令とは、刑罰規定のある法令のことである。日本における刑罰を Table 1-2 に示した。

　こうした刑罰規定のある法律には、刑法以外にも、道路交通法、軽犯罪法、売春防止法、青少年保護育成条例などがあり、刑法を除いた刑罰規定のある法律を特別刑法と総称する。したがって、刑法だけでなく、こうした法令に触れる行為をした時点が14歳未満であった者も触法少年である。

　犯罪の成立には、①構成要件該当性、②違法性、③有責性の3つが想定されている。①は、罪刑法定主義に基づき、あらかじめ法律に規定のない行為を犯罪とはできないことを示している。②は、行為が違法である必要性を定めたものであり、たとえば、どのような理由があっても、他人の身体に傷をつける行為は傷害罪に問われるが、医師による手術が犯罪にならないのは違法性がないためである。③は、責任能力に関連しており、心神喪失者が罪に問われず、心神耗弱者が減刑されるのは、当該行為に対して有責性がない（薄い）と判断されるためである。刑法第41条には「14歳に満たない者の行為は、罰しない。」とあり、少年法において、触法少年を犯

Table 1-2　刑法9条に規定された主刑と付加刑

死刑	刑事施設内において絞首して執行する	11条
懲役	1ヶ月以上20年以下あるいは無期に刑事施設に拘置して所定の作業を行わせる	12条
禁錮	1ヶ月以上20年以下あるいは無期に刑事施設に拘置する	13条
罰金	1万円以上	15条
拘留	1日以上30日未満、刑事施設に拘置する	16条
科料	1000円以上1万円未満	17条
没収	一　犯罪行為を組成した物 二　犯罪行為の用に供し、又は供しようとした物 三　犯罪行為によって生じ、若しくはこれによって得た物又は犯罪行為の報酬として得た物 四　前号に掲げる物の対価として得た物	19条

罪少年から区別している理由は、この有責性と関係がある。つまり、自らの行為に対する責任能力が低いため、14歳未満の子どもが犯した行為を罪に問わないとする考え方である。行為自体は構成要件に該当し、違法性を帯びているにもかかわらず、有責性が認められないために、犯罪者にはなれない触法少年を本研究では対象とした。

虞犯少年

　第3条1項3号が虞犯少年の規定である。Table 1-1に示したイ、ロ、ハ、ニに規定された4つの虞犯事由のいずれかに該当し、かつ、将来的に犯罪少年あるいは触法少年の定義を満たす危険性(虞犯性)のある20歳未満の少年である(※2022年の民法改正で18歳成年となったため、少年法第65条1項に基づき18歳と19歳の虞犯少年は存在しなくなった)。すなわち、虞犯少年はまだ罪を犯していないし、法的には刑罰法令にも触れていないのである。ただし、児童相談所の虞犯相談には、司法機関に認知されていないだけで、臨床的にはすでに犯罪行為に関わっている少年も少なくない。虞犯少年が非行少年に含まれるのは、少年法の理念と関係があり、将来罪を犯す危険性のある少年を保護し、健全な成長発達を保障するためでもある(荒木、1987；石川、1987)。ただし、本研究では、刑罰法令に規定された犯罪行為が確認されている触法少年のみを対象とした。

不良行為少年

　「飲酒、喫煙、深夜はいかいその他自己又は他人の徳性を害する行為をしている少年」は、少年警察活動規則第2条1項6号に不良行為少年と定義されているが、少年法に規定される非行少年には該当しない。同規則第14条に「不良行為少年を発見したときは、当該不良行為についての注意、その後の非行を防止するための助言又は指導その他の補導を行い、必要に応じ、保護者(学校又は職場の関係者に連絡することが特に必要であると認めるときは、保護者及び当該関係者)に連絡するものとする。」と記載さ

れており、必ずしも児童相談所に通告されるわけではなく、本研究の対象とはしなかった。

3．児童相談所の法的根拠

　児童福祉法の第 12 条には「都道府県は、児童相談所を設置しなければならない。」との義務規定があり、同法第 59 条の 4 には政令指定都市（人口 50 万人以上）や中核市（人口 20 万人以上）に児童相談所を設置できる根拠が示されている。一方、児童相談所が非行少年を取り扱う根拠は児童福祉法ではなく少年法に記載がある。ただし犯罪少年を取り扱うことはなく、① 14 歳未満の触法少年、あるいは、② 18 歳未満の虞犯少年だけが児童相談所の射程である。虞犯少年に関しては、警察官あるいは保護者の判断により、児童相談所への通告か家庭裁判所への通告・送致かを選択できる（少年法第 6 条 2 項）。しかしながら、少年法第 3 条 2 項の規定により児童相談所からの送致でない限り、家庭裁判所は 14 歳未満の虞犯少年を係属できないため、結局、14 歳未満の非行少年は児童相談所の先議事項となる。家庭裁判所が取り扱う少年保護事件を含めて、児童相談所を中心とした非行相談の流れを Figure 1-3 に示した。

　児童相談所は児童福祉法第 11 条に基づき、保護者や関係機関から児童についての相談を受ける。非行相談も基本的に例外ではないものの、警察などの関係機関から、児童福祉法第 25 条に基づく要保護児童通告、あるいは少年法第 6 条に基づく通告または送致も受理している。送致は通告よりも重く、触法行為が「故意の犯罪行為により被害者を死亡させた罪」あるいは「死刑又は無期若しくは短期 2 年以上の懲役若しくは禁錮に当たる罪」である場合、また「家庭裁判所の審判に付することが適当であると思料するとき」には、児童相談所は警察からの送致を受ける。非行少年のケースを受け付けた児童相談所は、社会診断、心理診断、医学診断、行動診断に基づき、児童福祉法第 27 条に規定されたいずれかの措置をとらなければ

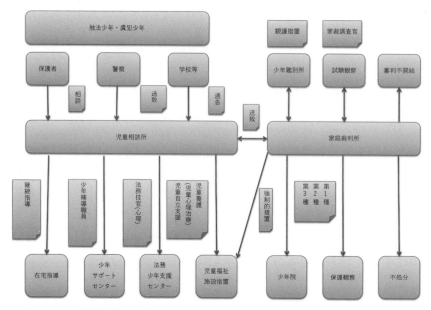

Figure 1-3　児童相談所を中心とした非行相談の流れ

ならない。

　非行少年を自宅に生活させながら実施する支援としては、児童相談所の児童福祉司による直接の指導がある。他機関に相談を引き継ぐ場合、少年警察活動規則に基づく少年サポートセンター、少年鑑別所法に基づく法務少年支援センターを紹介することもある。非行少年を自宅から分離し、地域から引き離した状態での支援が必要と判断された場合、児童福祉施設への入所措置が行われることもある。その場合、非行少年の年齢や非行深度に鑑みて、児童福祉法第7条に規定される児童自立支援施設、児童心理治療施設、児童養護施設への入所措置を選定する。

　しかしながら、児童福祉施設への入所措置には保護者（親権者）の同意が必要である。児童相談所が少年の最善の利益に鑑みて必要と判断したにもかかわらず、保護者（親権者）からの同意が得られない場合、非行少年を家

庭裁判所へ送致することがある。家庭裁判所は、児童相談所からの送致を受けて調査を開始する。全国に150箇所以上ある家庭裁判所には、約1,600人の調査官が配置されており（総務省：2003年時点）、少年部にて少年事件の調査が実施される。少年の身柄を収容して資質鑑別を実施する必要がある場合、観護措置の審判が先に開かれ、少年鑑別所において最大4週間の収容鑑別が行われる。全国52箇所の少年鑑別所には、心理専門職である約300人の鑑別技官が配置されている（法務省：2017年度時点）。すべての少年が鑑別所に収容されるわけではなく、在宅で審判を受けることもある。

　少年に非行がないか、あっても軽微と判断される場合は、審判不開始という決定がなされる。審判は開かれても、調査の結果、非行がないか、あっても保護処分には至らないと判断されれば、不処分という決定が行われる。審判不開始や不処分の理由には以下のように6つの場合がある。①保護的措置：調査段階において保護的な措置が行われた結果、再非行のおそれがない、あるいは要保護性が解消したと認められる場合、②別件保護中：別件において、すでに何らかの継続的な保護措置が行われており、そちらに委ねるのが相当と認められる場合、③事案軽微：事案が軽微で、警察段階などで適切な措置が行われたことにより、要保護性が解消し、再非行のおそれがないと認められる場合（審判不開始のみ）、④非行なし：当該行為が非行とはならない場合、あるいは証拠上、非行事実が存在する蓋然性が認められない、または調査の結果、非行事実が認められない場合、⑤所在不明等：少年の所在が不明であり調査ができない、あるいは審判ができない場合、⑥少年の死亡、送致、通告手続の法令違反など、主として審判条件が欠けている場合である。他に終局処分を決定するまでの中間処分として試験観察があり、家庭裁判所調査官が一定期間、少年の行動や生活の様子を観察したり、少年を民間の施設などに預けて補導してもらったり（補導委託）することもある。

　終局処分としては、保護観察、児童自立支援施設または児童養護施設送致、少年院送致という保護処分、他に検察官送致と知事または児童相談所

長送致がある。保護観察は、通常の社会生活を続けながら保護観察所の指導を受けるものである。担当の保護観察官と地域の保護司により在宅での生活を見守りながら、少年は適宜指導・教育を受けることになる。児童自立支援施設または児童養護施設送致は、児童福祉法に規定された施設への入所にもかかわらず、審判決定のため保護者の同意が必要とならない。なお、児童福祉施設では原則的に少年の居室を施錠できないが、逃亡などのおそれがある場合、家庭裁判所の審判による「強制的措置」として、入所中の児童に対して、一時的かつ強制的に行動の自由を制限し、あるいはその自由を奪うことが許可される。ただし現在、「強制的措置」を執行できる児童福祉施設は、国立児童自立支援施設のみである。

　家庭裁判所が決定する少年院送致には、①第 1 種少年院：保護処分の執行を受ける者であって、心身に著しい障害がない概ね 12 歳以上 23 歳未満が対象、②第 2 種少年院：保護処分の執行を受ける者であって、心身に著しい障害がない犯罪的傾向が進んだ概ね 16 歳以上 23 歳未満が対象、③第 3 種少年院：保護処分の執行を受ける者であって、心身に著しい障害がある概ね 12 歳以上 26 歳未満が対象、といった 3 種類がある。検察官送致は、少年に対して成人と同様の手続による刑事裁判を受けさせるため、事件を検察官に送るものであり、知事または児童相談所長送致は、少年を児童福祉法による措置に委ねるために児童福祉機関に送るものである。すなわち、児童相談所側から家庭裁判所に送致された少年が、家庭裁判所の決定によって児童相談所に再び送致されてくることもありうるのである。

　非行相談の流れにおいては、家庭裁判所に送致したとしても、児童相談所に送致されて戻ってくる場合、あるいは児童自立支援施設や児童養護施設に送致された場合には必ず児童相談所が担当となる。保護観察となった場合、不処分あるいはそもそも審判不開始となった場合、必ずではないものの、児童相談所が当該の触法・虞犯少年を担当することもある。

4．触法少年の統計

　警察庁による認知件数を Figure 1-1、少年補導件数を Figure 1-2 に示したが、少年保護事件の流れでも説明したとおり、触法少年はさまざまな専門機関で取り扱われる。家庭裁判所に係属し、終局処分が決定された少年の司法統計を Figure 1-4 に示した。

　家庭裁判所が終局処分を決定した非行少年は過去 20 年の間に減少を示し、最大件数の約 4 分の 1 にまで至っている。一方、Figure 1-4 から、14 歳未満の触法少年は 21 世紀に入って以降、微増を示してはいるものの、終局総人員の 0.1−0.6％程度であり、家庭裁判所における取り扱いは決して多くない。

　本邦における犯罪心理学の主要実践機関である少年鑑別所は、家庭裁

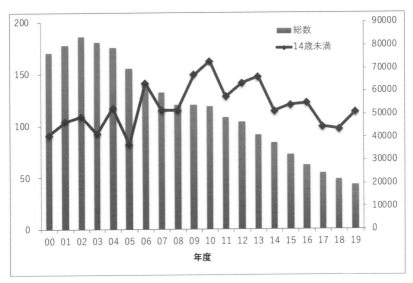

Figure 1-4　家庭裁判所における一般保護事件の終局人員

総数は終局総人員（右軸）、14 歳未満は、終局総人員中の内数（左軸）、2000 〜 2019 年、時間の単位は年度（4 〜 3 月）、裁判所の司法統計より作成（http://www.courts.go.jp/app/sihotokei_jp/search）

判所による観護措置決定に基づき多くの少年を収容鑑別している。Figure
1-5 に少年矯正統計を示した。

　当然ながら、家庭裁判所の司法統計と相関のある変遷を示しており、少
年鑑別所に収容される少年の数も 21 世紀以降、減少を続けており、最大値
の約 4 分の 1 にまで落ち込んでいる。Figure 1-5 から、14 歳未満の少年割
合は横ばい傾向のように読み取れるが、総数の 0.4－1.5％程度であり、少
年鑑別所においても触法少年の取り扱いは決して多くない。

　少年法ならびに児童福祉法に規定された触法少年に対する専門機関で
ある児童相談所の受付件数を Figure 1-6 に示した。

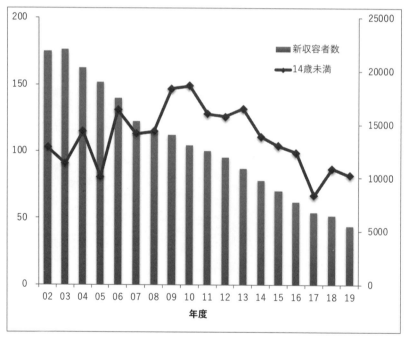

Figure 1-5　少年鑑別所における新収容者数

新収容者数は当該年度に新たに収容した少年の総数（右軸）、14 歳未満は総数に占める内数（左
軸）、2002～2019 年、時間の単位は年度（4～3 月）、法務省の少年矯正統計より作成（http://www.
moj.go.jp/housei/toukei/toukei_ichiran_shonen-kyosei.html）

　過去22年間に全相談の受付件数は約1.6倍に増加している。激増する児
童虐待への対応のため、児童相談所の相談受付件数は右肩上がりであるも
のの、触法と虞犯を合わせた非行相談割合は5.4－2.2％に減少してきてお
り、触法相談に限ると0.9－2.4％程度に過ぎない。したがって、法的根拠の
ある児童相談所でさえも、児童虐待の対応に追われ、触法少年に対する専
門性を十分に練磨できていない可能性がある。ただし、平均的に年間100
－150件程度の少年しか取り扱わない家庭裁判所や少年鑑別所に比較する
と、14歳未満の触法少年に限っては、年間に概ね5,000－8,000件の相談を
受付けている児童相談所がやはり最も経験値の高い専門機関といえる。そ
の意味で、触法少年の犯罪心理学は児童相談所から発信されるべきであり、
その学術的発展は、児童相談所の心理専門職である児童心理司約1,300人
（総務省：2016年時点）の専門性に課せられている。

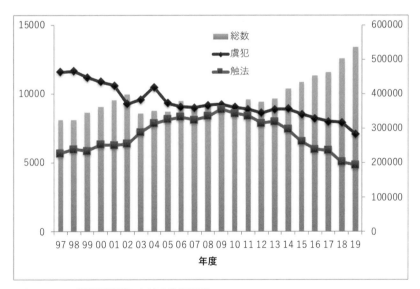

Figure 1-6　児童相談所における非行相談
総数は全相談の受付件数（右軸）、虞犯は虞犯相談の内数（左軸）、触法は触法相談の内数（左軸）、
1997～2019年、時間の単位は年度（4～3月）、厚生労働省の福祉行政報告例より作成（http://
www.mhlw.go.jp/toukei/list/38-1.html）

Cognitive profiling of Juveniles under
14 years of age alleged to have violated
any Criminal Law or Ordinance

Ⅱ章
犯罪心理学と知能研究

> 約束をなしうる動物を育て上げること――これこそ自然が人間に関して
> みずからに課した逆説的課題そのものではあるまいか。
>
> *Friedrich Wilhelm Nietzsche*

1. 黎明期の家系研究

　古典派犯罪学は刑罰を重くすることで犯罪予防が可能になると考えた。しかしながら、どんなに刑罰が重くなろうと、罪を犯す人もいれば、罪を犯さない人もいる。つまり、刑罰という司法制度を対象としても犯罪予防への効果は薄かったのである。そのため、罪を犯す人と犯さない人との間にある差異は何なのか、法律ではなく人間を対象とした実証的犯罪学が勃興した（松原、2006）。「犯罪学の父」と呼ばれるイタリアの医師 Lombroso, C. の生来性犯罪人説は、犯罪人類学あるいは犯罪生物学の端緒となり、現在では否定されているものの、身体の外形的特徴から生まれつきの犯罪者を識別可能と論じられた（寺田、1915）。

　黎明期の実証的犯罪学において Lombroso, C. に続く知見は、犯罪性の遺伝を主張した2つの家系研究であった。アメリカの社会学者 Dugdale, R. L. は1877年『The Jukes : A Study in Crime, Pauperism, Disease and Heredity.』

15

のなかで、ある地方刑務所に服役中の 6 人の受刑者がジューク家という同じ血族であることに気づいた。この発見を端緒にして、その祖先を遡って調査したところ、何世代にもわたって犯罪者を多数輩出している家系であることがわかった。 1916 年、Estabrook, A. H. は追試調査の結果を『The Jukes in 1915.』に報告しているが結論は同じであった。ジューク家の研究に引き続き、アメリカの心理学者 Goddard, H. H. は 1912 年の『The Kallikak Family: A Study in the Heredity of Feeble-Mindedness.』のなかで、カリカック家の家系を遡り 2 つの子孫系列を比較した。1 つは、知的障害のある女性との間に生まれた子どもの子孫であり、もう 1 つは、知的障害のない女性との間に生まれた子どもの子孫である。6 世代を遡った結果、前者の子孫系列では、知的障害のある者、精神障害のある者、犯罪者などが多数を占める一方、後者の子孫系列ではほぼ全員が「正常者」と判定された。ジューク家と異なりカリカック家の研究は、犯罪性ではなく知的障害の遺伝性を示唆しているのだが、Goddard, H. H. は「知的障害のある者は潜在的な犯罪者である」という極めて偏見に満ちた見解を強く主張した。ただしこの報告には、恣意的な「正常／異常」の判定基準、代々受け継がれているのは貧困であるとの社会学的な解釈、カリカック家の人々を故意に「悪人」らしく見せるために写真が偽造されていたことなど、さまざまな問題が指摘されている。

　知的障害のある者がすべて犯罪者になるわけではない。しかし黎明期の研究では方法論的な限界があり、明確な肯定も否定もできなかった。犯罪者と知能の研究は 20 世紀の方法論的洗練とともに発展を示した。とりわけ、知能の判定に使用される科学的な知能テストと、家庭の貧困要因を知能の問題から除外する統計的な統制手続が強力な方法論的武器となった。

2．犯罪者の知能特性

　20 世紀に蓄積された数多の研究知見は幾多のメタ分析により統合され、

21 世紀の現在、入手可能なエビデンスは格段に増加した。1970－1994 年に刊行されていた論文を対象にメタ分析を実行した Gendreau, Little, and Goggin（1996）は、131 の研究知見から 1,141 の効果量を算出している。再犯との相関係数は、13,080 人を対象とした社会経済的地位（Socioeconomic Status：以後 SES と略）で $r = 0.06$、21,369 人を対象とした知的能力で $r = 0.07$ と報告されている。性犯罪者の Intelligence Quotient（IQ）に関する知見をメタ分析により統合した Cantor, Blanchard, Robichaud, and Christensen（2005）は、7,045 人の性犯罪者と 18,101 人のデータから、①性犯罪以外の犯行形態に比較して性犯罪者の IQ は低く、②特に子どもを標的とした性犯罪者の IQ が低かったと報告している。15 の縦断的調査に絞り込んで、平均以上の IQ が犯罪の自己抑制に繋がるのかを調べた Ttofi, Farrington, Piquero, Lösel, DeLisi, and Murray（2016）のメタ分析によると、平均以上の IQ は犯罪リスクの高い群でのみ防御要因となっていた。

　数千数万のデータを分析したエビデンスが語る結論として、犯罪行為に対する IQ の抑止効果は決して高くない。いわんや犯罪の決定因とは言いがたい。しかしながら、性犯罪者や犯罪リスクの高い群というように条件を絞り込んで観測すると、犯罪行為と IQ との間には少なからず関連性が認められるのである。本研究では、成人犯罪者ではなく非行少年（触法少年）が対象となるため、引き続き、非行少年と知能との先行知見について、100 年の歴史を追いながら概説する。

3．非行少年の知能特性

　知能の研究史は知能テストの研究史と言っても過言でなく、行動科学・心理学の知見は方法論的整備と歩みをともにしてきた。科学的な測定尺度としての知能テストは、そもそも子どもを対象に開発されており、Binct, A. と Simon, T. が史上初の知能テストを世に問うたのは 1905 年である。したがって、以下の研究史においては、知能テストによって測定された計

量心理学的知能（Psychometric Intelligence）を分析した知見に絞って概説
した。

1910 年代

　精神年齢を測定する Binet, A. と Simon, T. による知能テストは、1912 年、
Stern, W. によって知能指数（IQ）に変換された。1916 年には、Terman, L. に
よって後世に名を残す Stanfod-Binet test（S-B）が刊行される。歴史は第一
次世界大戦に突入し、1917 年、Yerkes, R. によって軍人採用のため、言語
性の α テストと非言語性の β テストが作成された。

　最初期の Binet-Simon test を非行少年 245 人に実施した Hickson（1914）
によると、テスト結果が平均域であった者は 7％に過ぎなかった。アメリ
カで標準化された S-B を使用して 10－22 歳（中央値 16 歳）の非行少年 215
名を調査した Williams（1916）も、IQ の中央値が 75－80 であったと報告し
ている。刑務所、更生施設、少年裁判所などにおける最初期の調査結果を
概観した Terman（1916）は、知的障害のある者の割合に多少の相違はあれ
ども、犯罪や非行に関して知的障害の影響を否定できる学者はいないと結
んでいる。

　この時代は犯罪心理学における知能研究の幕開けであり、科学的な知能
テストは男児だけでなく女児へも適用されてきた（Otis、1913）。ただし、
分析結果は IQ の記述統計（平均値など）ではなく、知的障害を持つ者の比
率で報告されることが多く、定量的な尺度である IQ や精神年齢を知的障
害の下位区分に分類して定性的に評価している知見が多かった。この黎明
期以降、犯罪心理学は、非行少年の低い IQ という研究テーマに取り組み
始めたのである。

1920 年代

　知能理論においては、Thurstone, L. L. が、1924 年、互いに独立を仮定
された 7 つの因子で知能を説明したが、知能テストはむしろ互いに相関し

ていたことから、1927 年、Spearman, C. が一般知能 g を提唱した。

　16−30 歳の非行少年 399 人に S-B を実施した Stone（1921）は、人種ごと
に IQ を算出し、非行少年全体では平均 69−79 であったと報告している。
男性ではなく、16−25 歳の青年期非行少女 128 人を S-B で測定した Starr
（1922）によると平均 IQ は 65 だった。同様に S-B で非行少女 305 人を測
定した Arnold, Buck, Merriam, and Stockover（1925）によると、IQ の最頻
値は 70−79 の範囲であった。当時の知見を見ると、非行少年の測定結果は
IQ70 未満（知的障害）から IQ71 以上 85 未満（境界知能）までの範囲に含ま
れていることが多かった。

　代表値ではなく、IQ の散布度を細かく調べた研究もある。矯正施設の
非行少年 1,690 人に実施された S-B を分析した Erickson（1929）によると、
IQ60 未満が 6％、IQ60 以上 75 未満は 24％、IQ75 以上 90 未満は 19％、
IQ90 以上は 50％であった。非行少年 492 人の IQ を調べた Caldwell（1929）
によると、80 以下が 49％であり、そのうち 70−79 に 28％が含まれてい
た。非行少女 25 人を調査した Martz（1930）によると、身体的な発育に問
題のある者はいなかったにもかかわらず、平均知能であった者は 10 人だ
けであり、平均以上の者および知的障害のある者はおらず、残りは境界知
能であった。一方で S-B を用いて 27 人の非行少年を検査した Harper and
Reinhardt（1930）によると、8 人（30％）に知的障害が認められている。こ
うした知見を整理すると、非行少年の IQ が知的障害水準であることは少
ないが、境界知能の範囲に入る者は多かったと考えられる。

　この時代の知見では、IQ の数値をそのまま分析する報告も増えてきた
が、やはり知的障害との関連を検討する分析が主眼となっている。すなわ
ち、非行少年に知的障害があるのかないのか、それ自体を問題として分析
している研究が多いのである。背景には、やはり知的障害を少年非行の原
因として捉えようとする研究者側の短絡的な見方も影響していた可能性が
考えられる。同じ頃、知能研究の歴史上では、人種間の IQ 差が問題にさ
れ始めていた（Whitney, 1923）。

1930 年代

　軍で使用されていた α テストと β テストを参考に、1939 年、Wechsler, D. は Binet 式とは異なる方法論に基づき、言語性と動作性（非言語性）を備えた新しい知能観による Wechsler 式知能テスト Wechsler-Bellevue テストを開発した。この時期、S-B は改訂され、L 形式と M 形式という 2 つの平行テストとして刊行された。

　3 つの知能テストを非行少年 62 人に実施した Charles（1933）の比較分析では、Binet-Simon test と Kuhlmann-Anderson intelligence test の結果は概ね一致していたが、Otis group test では IQ が 10 ポイント高く測定されていた。同じく Kuhlmann-Anderson intelligence test を使用した Charles（1936）の報告では、12−16 歳の公立学校に通う生徒に比較して、同年代で施設に収容されている非行少年の検査結果は劣っていた。Otis S-A test により 14−18 歳で施設入所中の非行少年 152 人と同年齢で施設入所中の対照少年 157 人を比較した Moore（1937）の分析では、いずれの群の IQ も規準値より低かったが、中央値を比較すると、非行少年の方がさらに低かった。矯正施設に入所してきた非行少年 102 人に集団知能テストを実施した Embree（1938）によると、個別式知能テストである S-B との間に $r = 0.91$ という併存的妥当性が確認された。非行少年 1,731 人を調査した Mann and Mann（1939）の報告によると、IQ の平均値は 84 であり、男子に限り、14 歳未満に比較して 14 歳以上の IQ が高い傾向にあった。初期に利用可能であったさまざまな知能テストが非行少年に適用されたが、概ね結果は合致しており、規準値や非行のない対照少年と比較して低い IQ が繰り返し報告されている。

　この時代になると、知的障害が少年非行の最も頑健な要因の 1 つであるという見解に対しては異を唱える声も多くなってきた（Steinbach, 1934）。特に、IQ が SES に影響されることにも留意され始め（Levy, 1931）、方法論的な精緻化が少しずつ進み始めている。さらに、非行少年の IQ 水準という単純なテーマを超えて、再犯少年と初犯少年では IQ の影響が異なる

のかを調べた Shimberg and Israelite（1933）など、犯罪心理学における研究
テーマが深化・進化してきている。

1940 年代

　知能理論が展開するなか、1941 年、Cattel, R. は既存の知識を用いて問
題解決を図る結晶性能力 Gc と、新規な課題に取り組む際に発揮される流
動性推理 Gf という 2 つの能力によって知能を説明した。Wechsler 式知能
テストは、1940 年代後半、Wechsler Memory Scale と Wechsler Intelligence
Scale for Children（WISC）の刊行に至る。

　平均 12 歳の非行少年 61 人に対して、Wechsler-Bellevue テストと改訂
S-B の L 形式を実施した Weider, Levi, and Risch（1943）によると、S-B と
の相関は、全検査 IQ で $r = 0.81$、言語性 IQ で $r = 0.87$、動作性 IQ で $r =$
0.56 であり、Binet 式は、Wechsler 式における動作性課題よりも言語性課
題との間で相関が高く、言語能力を重視した問題構成になっていると考え
られた。知的障害のある非行少年 50 人のパーソナリティを調べた Lurie,
Levy, and Rosenthal（1944）によると、非行はないが知的障害のある 25 人
より、知的障害はないが非行のある少年 25 人との間で類似性が高かった。
すなわち、疑い深く、冷淡で抑うつ的、自己中心的でわがままな性格は、
知的障害の有無よりも非行の有無によって影響されるものと考えられた。

　この時代になると、S-B 以外の知能テストが出現し始める。特に、
Wechsler 式知能テストの原型が利用されるようになってきた。蓄積された
知見をまとめて、知的障害と少年非行との関連を論じた総説も刊行される
など（Wallin, 1945）、犯罪心理学における知能のテーマは少しずつ整理さ
れ始めている。

1950 年代

　Wechsler-Bellevue テストは、1955 年、Wechsler, D. により、後に成人
の知能測定においては欠かすことのできない Wechsler Adult Intelligence

Scale（WAIS）へと改訂される。

　非言語性の流動性推理 Gf を測定する Raven's Progressive Matrices Test の得点と犯罪深度との関連を調べた Marcus（1955）によると、知能と犯罪記録上の悪質性との間に統計的な関連性はなかった。Gibbens（1958）によると、イギリスの少年鑑別所に入所している非行少年は、Wechsler 式知能テストにも採用されている Porteus Maze test の衝動性得点（Q）が高く、知的能力は低く、動作性 IQ と言語性 IQ の乖離度が大きく、怠学傾向があり、大規模家族であったと報告されている。平均 15 歳の非行少年 44 人に Wechsler 式知能テストを実施した Foster（1959）によると、動作性 IQ が言語性 IQ よりも高いという仮説は支持されなかったが、思春期のサイコパスに特有と考えられていた「絵画配列と組合せの合計点が絵画完成と積木模様の合計点よりも高くなる」という仮説は支持されている。

　この時代になると、非行少年の知能特性、特に動作性知能と言語性知能の乖離を調べる研究や、非言語性能力を測定している動作性知能の下位検査を使用して、非行少年の臨床像を深く描き出そうとする研究が開始されている。犯罪心理学において、後に頑健な知見となる動作性優位のプロフィールが、非行少年の知能プロファイリングにおける 1 つの指標として定着し始めてきている。

1960 年代

　Binet 式知能テストにおいて、それまでの L 形式と M 形式の両形式が統合されて、1960 年、S-B は第 3 版に改訂された。他方、1967 年、Wechsler 式知能テストにも幼児用の Wechsler Preschool & Primary Scale of Intelligence（WPPSI）が開発された。知能理論においては、Horn, J. L. が Cattel, R. の提案した Gf-Gc 理論を拡張し、他にも広範的能力があることを主張した。Guilford, J. P. は独自に知能構造論を提起し、全部で 120 個の知能因子が理論的に想定された。

　少年非行と知能に係る 21 の先行研究を調べ直した Prentice and Kelly

（1963）によると、Wechsler 式知能テストで測定した動作性 IQ は平均域、言語性 IQ は平均下位となっていた。ただしこうした知見は、一般人の知能から非行少年の知能を識別できるという証拠にはならず、言語性知能に対する動作性知能の優位性が非行少年の診断的指標になると考えた Wechsler, D. の仮定は成り立たない。むしろ、2 つの知能間の乖離は少年非行の文脈とは関係なく、単に学習障害の可能性ないし低所得層出身による学習環境の劣悪さを示しているとも解釈できる。読字障害と少年非行の関連を調べた先行研究から Critchley（1968）は、非行少年 477 人中、読み能力が 2 年以上遅滞していた者が 60％もいたと報告している。低所得層出身の子ども 344 人を調査した Palmore（1963）によると、個人の属性としては、非コーカソイド人種、男性、低い IQ、退学歴が非行と関連していた。女子受刑者の多くは売春防止法違反であり「IQ が低いのではないか」という仮説を調べた Murphy and D'Angelo（1963）は、矯正施設の心理技官に質問紙調査を実施している。その結果、女性犯罪者の IQ は平均から平均下位にあり、決して低いわけではなかった。インドで 75 人ずつの非行少年、犯罪者、一般少年を比較分析した Pati（1965）によると、知能テストの結果に有意な群間差はなかった。こうした知見を精査すると、非行少年と低い IQ との関連性は、欧米社会の男性を対象とした研究によりもたらされてきた可能性も考えられる。

　過去 34 年間に少年裁判所が取り扱った 51,808 名の非行少年を調べた Caplan & Siebert（1964）によると、1929－1934 年の期間における平均 IQ は 80.0 であったが、1957－1962 年には 92.1 にまで上昇していた。① 1916 年版の Binet 式知能テストがより高い IQ 水準に対応できる検査に取って代わられたこと、②子どもの知的発達を促進する社会的要因が整備されてきたこと、以上 2 つの要因によりこの結果が導かれたと報告されている。

　単独犯と共同正犯の非行少年 25 人ずつを WISC の下位検査で比較した Kissel（1966）によると、絵画完成の評価点は単独犯の非行少年で高く、臨床的にはより不適応であったが、共同正犯の少年よりも知的には成熟して

いたと解釈されている。また、16−23歳の非行少年102人にWAISを実施したTarnopol（1970）では、言語性IQと動作性IQに有意差のあった者が39％、6年生以下の読み能力水準であった者が58％、ベンダーゲシュタルト検査が平均域であった者は3分の1しかおらず、非行少年のなかには一定比率で微細脳損傷を抱えた者がいると結論されている。こうした知見は、さまざまなテスト課題を用いて、言語能力の低さを脳の器質的問題と絡めて考察しているが、研究結果は一貫していない。社会的・家庭的背景を重視する報告もあり、14歳になるまでに刑が確定した非行少年30人、判決は出ていないが非行のある少年87人、非行のない少年294人にRaven's Progressive Matrices testとVerbal Comprehension testを実施したGibson and West（1970）によると、年少で非行化する男児には、低いIQ、貧困な地域ないし貧困な家庭の出身という属性が関連していた。

　この時代になると、欧米圏ではない国・地域からの研究報告も増加し、知能テストの改善に伴って、非行少年のIQが低いという単純な説明は支持されにくくなってきた。むしろ、知能領域による相違や特定の下位検査での特徴など、知能プロファイリングに関する細かな分析が発展し、総説論文も増えてきている（Blackhurst, 1968）。

1970年代

　S-Bの第3版は、1973年に再標準化が行われ、Wechsler, D.によるWISCは、1974年、WISC-Rに改訂された。Binet式とWechsler式以外の知能テストも標準化され始めており、Woodcock, R.とJohnson, M. E. B.によるWoodcock-Johnson Tests of Cognitive Abilities（WJ）が1977年に刊行されている。

　高いIQを持つ非行少年の知見を調べたGath and Tennent（1972）によると、そうした稀少な少年たちは裁判所での扱われ方もIQの低い少年とは異なるし、知的能力ではなく、情緒が不安定な状態だと診断されることが多かった。IQの高い非行少年は、権威者に対して適切な態度や反応を装え

るため、社会的に許容されやすく、その意味で裁判所を含めた社会から寛容な処置をとられやすい。加えて、知的能力の高さから、精神科医とのコミュニケーションも流暢であり、容易に情緒的な課題が発見されやすいものと論じられている。イギリスとアメリカで行われた4つの縦断的調査の知見を整理したMahoney（1980）によると、知能の高い少年は、不適切な環境に対する感受性が高く、過敏に反応しやすいために非行に陥るというよりも、そのIQの高さゆえに、劣悪な環境条件をうまく切り抜け、結果的に非行化しにくいという仮説を支持する証拠の方が多かった。

　施設入所歴のある非行少年の再犯と関連する要因を探るために11−18歳の男女100人ずつを調査したGanzer and Sarason（1973）によると、言語性IQの低さは再犯者の特性として統計的に有意であった。10−14歳の非行少女126人に対する治療プログラムの予後予測にWISCを用いて分析したMaskin（1974）によると、プログラムを終了した後、再犯した者と再犯しなかった者との間には全検査IQに差異があり、後者のIQは相対的に高かった。裏を返せば、再犯した者のIQは低かったということである。Porteus Maze Testを用いて報告されてきた先行知見を再分析したRiddle and Roberts（1977）によると、IQと同じように知的能力の水準を表すテスト年齢（Test Age）を使用するよりも、衝動性得点（Q）を基に判別すると非行群と一般群をうまく分類でき、その識別力はおよそ70%であった。つまり、知的能力よりも衝動性こそが非行少年の特徴と考えられる。

　保護観察中の非行少年112人に対して、古典的な動作性優位のWISCプロフィールとの関連性について、対人関係成熟度システムを用いて調査したAndrew（1974a、1974b）によると、成熟度低群では動作性優位が顕著であり、成熟度中群では中程度になり、成熟度高群では動作性優位プロフィールはついに検出されなかった。動作性優位のWISCプロフィールは、言語能力を基盤とした対人成熟度をある程度反映しているものと考えられる。Wechsler式知能テストを用いた場合の動作性優位プロフィールについて、Quay行動分類システムにより、非行少年をサイコパス群、神経症群、下位

文化群の3つに分けた Hecht and Jurkovic（1978）は、いずれの群も言語性IQ に比較して動作性 IQ の方が高かったものの、統計的に有意な乖離はサイコパス群にしか認められず、とりわけ、理解の評価点が著しく低かったと報告している。非行少年の動作性優位プロフィールは言語能力の極端な低さが主たる原因と考えられてきたが、WISC あるいは WAIS を受検した10－20歳の非行少年74人を調査した Andrew（1977）によると、①平均より言語性 IQ が低い、②平均より動作性 IQ が高い、③動作性 IQ と言語性IQ との間の乖離、という3つの要因が動作性優位のプロフィールを作り出していた。言語性ないし動作性の IQ が他方よりも高いという不均衡プロフィールは、全検査 IQ の低さと同様に非行少年の脆弱性と解釈された。

　知能と非行に関する先行研究を調べた Hirschi and Hindelang（1977）は社会学的な分析を通して次のように主張している。過去40年間にわたりIQ は非行の原因と考えられてきた。確かに知能は SES や人種にかかわらず、非行に影響を与える要因ではある。しかしながらより重要なのは、知能と非行との間には多くの学校変数（学力、友人関係、教師との関係を含めた学校での適応度）が間接的に媒介しているという事実である。

　この時代になると、犯罪心理学においても、IQ の低さが少年非行の原因であるという短絡的な考え方を否定する見解は概ね支持されるようになってきた。他方、Wechsler 式知能テストの動作性優位プロフィールに関する知見が増えており、さまざまな方法で検証を重ねても、非行少年の言語能力が低いという結果は繰り返し確認されている。

1980 年代

　長年にわたり精神年齢を基準とした知能指数を算出し続けてきた S-Bが、1986年の改訂を経た S-B4 において、Wechsler 式知能テストと同様に偏差 IQ を採用した。成人用の WAIS も、1981年、WAIS-R に改訂され、幼児用の WPPSI も、1989年、WPPSI-R へと改訂された。WJ は 1989年に WJ-R へと改訂され、Kaufman, A. S. と Kaufman, N. L. による Kaufman

Assessment Battery for Children（K-ABC）も 1983 年に刊行されている。知能理論の分野では、1980 年、Gardner, H. が多重知能理論、Sternberg, R. が鼎立理論を提唱した。1984 年、後に知能テストの改訂を促進する起爆剤ともなった Flynn, J. によるフリン効果が発見され、知能テストが測定する IQ は 10 年ごとに約 3 ポイント上昇し続けているという現象が世界中で発見された。

　非行と IQ との関連性は SES を背景とした見せかけの相関であるのかを検証した Moffitt, Gabrielli, Mednick, and Schulsinger（1981）によると、デンマークで実施された 2 つの縦断的調査の結果、SES を統制してもなお非行と IQ には有意な相関があり、言語能力の低さゆえに学校適応に失敗した子どもが非行化していくのだと考察されている。

　14−15 歳の累犯少年 90 人に WISC-R を実施した Haynes and Bensch（1981）によると、動作性優位のプロフィールは初犯の非行少年よりも累犯少年で多く観測されており、非行少女 78 人を対象にした追試調査でも同様の結果であった（Haynes & Bensch, 1983）。WISC-R によって動作性優位プロフィールを測定された非行少年 150 人を分析した Hubble and Groff（1981）によると、動作性優位プロフィールは統制群よりも非行群で高頻度に検出されるし、SES、IQ、群と知能テストの交互作用を統制してもなお出現した。動作性優位プロフィールが Quay 行動分類システムによる非行の下位集団において、どのように出現するのかを調べた Hubble and Groff（1982）において、サイコパス群と下位文化群には見られたが神経症群に動作性優位プロフィールは認められなかった。知能プロフィールの不均衡について調べた Walsh, Petee, and Beyer（1987）によると、非行少年の知能プロフィールにおいて、動作性優位は多いが言語性優位は少なく、一般人との比較を通して、知能プロフィールの偏りと非行の有無には関連があると報告されている。矯正施設入所中で 13−16 歳の非行少年 82 人に実施した WISC-R を分析した Culberton, Feral, and Gabby（1989）によると、70％に動作性優位プロフィールが検出され、下位検査としては、組合せ、絵画完

成、絵画配列が高く、知識、単語、理解が低かった。言語性 IQ の高低で非行少年 256 人を分類した Walsh（1987）の調査では、IQ は暴力犯罪と負の相関、財産犯罪と正の相関があり、即時強化を求めた衝動的で自発的な非行への関与は低い IQ、計画性が必要な遅延強化としての非行への関与は高い IQ と関連していた。

　家庭裁判所のケース記録から非行少年 102 人の WISC-R データを分析した Schuster and Guggenheim（1982）によると、3 分の 1 は軽度知的障害、3 分の 1 は境界知能、残り 3 分の 1 は平均から平均下位の知能水準にあり、IQ が境界知能以下の場合、微細脳損傷が強く疑われた。出生コホートを追跡調査した Moffitt and Silva（1988）によると、警察に補導された非行群と警察には認知されていないが自己申告では同程度の非行がある群との間に IQ の差異はなかった。ただし非行のない対照群と比較すれば、両群ともに IQ は低かった。ニュージーランドの出生コホート 1,037 人の追跡調査から White, Moffitt, and Silva（1989）が、5 歳時点でのリスク因子と 13 歳および 15 歳時点での非行化の関連を分析したところ、非行化しなかった対照群に比較して非行化した少年の IQ は低かった。ところで、非行少年の IQ が低いという知見にはサンプリングに関する方法論的問題があるとの批判が提起されてきた。この批判を回避すべく、3,164 人の出生コホートを追跡調査した Kaslow, Lipsitt, Buka, and Lipsitt（1990）によると、13.6％の少年では 18 歳までに裁判所への係属が確認された。0 歳 8 ヶ月時点での発達検査には将来の非行群と対照群を識別する力はなかったが、4 歳時点の S-B、7 歳時点の WISC では非行群に IQ の低さが見出されている。

　特別支援教育において非行少年は、情緒障害、知的障害、学習障害のいずれかの学級を利用している。知能と学力を調べた Reilly, Wheeler, and Etlinger（1985）によると、非行少年の知能水準は学習障害児および情緒障害児と似ていたが、学力水準は学習障害児および知的障害児に近かった。知能と学力を総合すると、知的障害児や情緒障害児より、非行少年は学習障害児と最も近い結果となった。攻撃性と知能の関連について 600 人以上

の対象者を 22 年間にわたり追跡した Huesmann, Eron, and Yarmel（1987）によると、子ども時代の攻撃性は知的発達を阻害するし、成人後の低知能を予測していた。初期の IQ は同時期の攻撃性と関連するものの、攻撃性が 8 歳以降どのように変化するかを予測できなかった。この結果を受けて、知能が低いと人生初期に攻撃反応を獲得しやすく、この攻撃性が後続するはずの知的発達を阻害しているものと考察されている。

　社会構築主義の観点から IQ と非行との関連性を再分析した Menard and Morse（1984）によると、IQ は個人特性として非行に関連しているのではなく、むしろ IQ の高低は、学校などの施設において少年に対する異なった処遇を招き、その結果、非行との関連を強めているものと論じられている。経験的データに照らしても、所属施設による影響は 20％以上の分散説明率を誇るが、個人特性としての IQ には 5％の説明力もなかった。

　この時代になると、IQ 自体ではなく、学習障害との関連性を調べた研究（Wilgosh & Paitich, 1982）や神経心理学の観点から脳機能を分析した研究（Miller, 1988；Moffitt, 1990）など、知能の周辺領域にも関心が拡げられ、知見が蓄積されるようになっている。動作性優位プロフィールが非行少年に繰り返し確認されるという知見もさらに蓄積され、知能と非行との関連性もさまざまな角度から検証されてきた。

1990 年代

　Wechsler 式知能テストの児童用 WISC-R は、1991 年、WISC-III へと改訂され、成人用 WAIS-R は、1997 年、WAIS-III へと改訂された。Elliott, C. D. は Differential Ability Scales（DAS）を 1990 年に刊行した。計画能力、注意力、同時処理と継次処理に基づく PASS 理論を背景にして、Das, J. P. と Naglieri, J. は、1997 年、Das-Naglieri Cognitive Assessment System（CAS）を刊行している。知能理論においては、Carroll, J. B. が、1993 年、三層理論を提唱したあと、70 年以上に及ぶ計量心理学的知能研究の相関表を因子分析によって整理し、Gf-Gc 理論を基盤とした Cattel-Horn-Carroll（CHC）

理論へと収斂させた（以後、CHC 理論と略）。なお、CHC 理論の詳細については、次章で説明する。

　少年 122 人を 3−17 歳まで追跡した調査から Stattin and Klackenberg-Larsson（1993）は、最初期の言語発達と後年の犯罪歴との相関を分析しており、わずか 3 歳時点での言語発達の遅れからすでに将来的な犯罪歴を予測可能であったと報告している。少年を対象とした縦断的調査から IQ と非行との関連を調べた Lynam, Moffitt, and Stouthamer-Loeber（1993）によると、非行化したことにより IQ が低下するという方向性よりも、IQ が低いから非行化してしまうという因果を想定する方が、人種や SES、知能テストへの動機付けを統制したうえでもデータをうまく説明できていた。ただしこの解釈は、IQ から非行を媒介する変数として衝動性を導入すべきだと Block（1995）によって批判された。この批判に対しては経験的データが不足していると再度 Lynam and Moffitt（1995）で反論を返している。

　有罪が確定した非行少年 149 人の動作性優位プロフィールを分析した Cornell and Wilson（1992）によると、罪種が暴力犯罪か非暴力犯罪かにかかわらず、また人種によらず、さらには知能テストが WISC-R か WAIS-R かにも関係なく、言語性 IQ と動作性 IQ とに少なくとも 12 ポイント以上の乖離が認められた者が 35％いた。男性非行群、女性非行群、男性対照群、女性対照群に対して、外向性、神経症傾向、犯罪傾性、知能を測定した Diaz, Beleña, and Baguena（1994）によると、対照群に比較して非行群では男女を問わず知能が低かった。神経症傾向は非行少女を識別するのに有効な因子であったが、知能と犯罪傾性は性別に関係なく非行群を予測していた。

　非行と IQ との関連を説明するモデルとして、学校での適応要因が媒介していると考えるモデルと、学校からの処遇によって社会的に非行化していくと考えるモデルの 2 つがある。縦断的調査の結果から Ward and Tittle（1994）は、個別に分析すれば、学校適応モデルも学校処遇モデルもデータに適合していたが、総合的に分析したところ、学校適応モデルの方が

支持されたと報告している。6−13 歳で医療機関に受診した反抗挑戦性障害ないし素行障害の診断基準を満たす少年 117 人を調査した Loney, Frick, Ellis, and McCoy（1998）によると、情性欠如を示さずともいずれかの診断があった者では言語推論課題に落ち込みが認められたのに対し、情性欠如を示し、かつ診断のあった者には言語能力の問題が認められなかった。18 歳未満で裁判所に係属した少年 126 人に対する Hayes（1999）の分析では、Kaufman 簡易知能テスト（Kaufman Brief Intelligence Test）と行列類推テスト（Matrix Analogies test）の結果が比較されており、パーセンタイル順位が 3％以下（知的障害水準）となるほどに知能の低い者が、行列類推テストでは 35％、Kaufman 簡易知能テストでは 20％も検出された。

　少年 400 人以上を対象とした縦断的調査から White, Moffitt, Caspi, Bartusch, Needles, and Stouthamer-Loeber（1994）は、衝動性に関係する 11 の測定値を因子分析し、認知的衝動性と行動的衝動性の 2 因子を抽出している。認知的衝動性は IQ と強く相関し、行動的衝動性は 10 歳および 12−13 歳時点での非行と強く相関していた。フィンランド北部で 1966 年に生まれた 6,007 人の縦断的調査を分析した Järvelin, Läärä, Rantakallio, Moilanen, and Isohanni（1994）によると、15−22 歳の間に犯罪歴を示した者が 6％おり、低い SES と低い IQ を重複していると非行化する確率は高かった。ケンブリッジ非行研究においてロンドン南部の男性 411 人を 8−32 歳まで追跡した Farrington（1995）によると、子ども時代の反社会的行動、衝動性、低い知能と学力、家族の犯罪歴、貧困と保護者の低い養育能力が、最も非行を予測していた。WAIS で測定した知能と再犯の関連を 18−37 歳まで追跡調査された 122 人のデータから Richter, Scheurer, Barnett, and Kröber（1996）は、要因を知能テストに限れば、知識と積木模様の下位検査における低い成績が再犯危険性を高めていたと報告している。

　この時代になると、さまざまな縦断的調査の結果を再分析して、知能と非行との関連性を媒介する変数を特定しようとする研究が増加してきた。さらに、衝動性や学校変数など、いくつかの要因が提案され、検証が繰り

返されるようになってきた。一方で、動作性優位のプロフィールが非行少年の典型的な特徴として、どの程度の頑健性を備えているのかを調べる方向にも研究は展開している。

2000年代

21世紀になっても知能テストは改訂され続け、WJは2001年の改訂でWJ-IIIへ、K-ABCは2004年にKABC-IIへ、DASも2006年にDAS-IIへと改訂された。Wechsler式とBinet式も同様に、WPPSIは2002年にWPPSI-III、WISCは2003年にWISC-IV、WAISは2008年にWAIS-IVへ改訂され、S-Bも2003年にはS-B5へと改訂されている。

低いIQが非行に及ぼす影響を媒介している要因を探索するためにNational Longitudinal Survey of Youthという縦断的調査からMcGloin, Pratt, and Maahs（2004）が、学校適応、不良仲間、自己統制という3つの媒介変数を想定して比較分析したところ、学校適応が低いIQと非行の関連性を媒介しているモデルが最も適合していた。Pittsburgh Youth Studyという縦断的調査からKoolhof, Loeber, Wei, Pardini, and D'escury（2007）は、非行少年におけるIQと衝動統制力との関連を調べた。IQが低い場合、衝動統制力は非行化において重要な因子であったが、重大犯罪に手を染める少年はみんな衝動的であった。ただしIQが高い場合、どんなに非行深度が進んだ少年であっても、認知的に衝動を統制することはある程度可能であった。

サイコパスのIQは高いという実証的知見はないが、非行深度とサイコパスとIQとの関連を調べたJohansson and Kerr（2005）によると、性的要素のない暴力犯罪で判決を受けた非行少年370人への調査から、サイコパスでない者の場合、IQと言語能力の高さは暴力犯罪の初発年齢を遅らせていたが、サイコパスではむしろ逆の関係性が検出された。すなわち、サイコパスにおいては、IQと言語能力の高さが非行化を促進していたのである。言語能力の低さと少年非行との関連性をサイコパス特性が媒介するの

かを調べた Muñoz, Frick, Kimonis, and Aucoin（2008）では、拘留された非行少年 100 人に調査が行われた。最も暴力的な犯罪に手を染めるのは、言語能力が高く、かつ情性が欠如していた少年であったため、言語能力とサイコパス特性は少年非行に対して交互作用があると結論している。

　12 歳以前に逮捕されたことのある生涯固執型 191 人と 14 歳以降に初めて逮捕された青年期一過型 151 人の非行少年を識別する変数を見出すために Parker and Morton（2009）が、人種、家庭収入、言語性 IQ、衝動性の影響を分析したところ、言語性 IQ の低さはアフリカ系アメリカ人の場合に少年を生涯固執型の非行へと向かわせていた。過去に実施された縦断的調査による知見を整理した Murray and Farrington（2010）によると、素行障害や少年非行といった問題行動は思春期中期から後期に最も多く発生し、一定期間継続するものであった。リスク因子は多く、①衝動性、②低い IQ と学力、③保護者の監護不足、④不適切で懲罰的な保護者の養育、⑤保護者の冷たい態度、⑥身体的虐待、⑦両親間の不和、⑧ひとり親家庭、⑨犯罪歴のある保護者、⑩多すぎる家族構成員、⑪低い家庭収入、⑫反社会的な仲間関係、⑬非行率の高い学校、そして⑭犯罪発生率の高い地域の近隣環境であった。

　21 世紀に入ると、知能と非行を直接のテーマとする研究報告は減少している。20 世紀の間、犯罪心理学のテーマであり続けた知能と非行との関連性については一定の見解が出揃ったものと考えられる。ただし、知能と非行との関連性を拡張し、神経心理学的に脳機能と非行の関連を調べたり（Vermeiren, De Clippele, Schwab-Stone, Ruchkin, & Deboutte, 2002）、学力と非行との関連を調べたりするなど（Felson & Staff, 2006）、関連領域のテーマが深められてきている。加えて、リスクアセスメントの考え方が浸透するにつれて、非行化のリスク因子を探る研究のなかで知能が扱われることも増えており、焦点化された変数というよりは、想定された複数の要因の 1 つとして知能の影響度を分析した知見が増加してきている。

2010年代

　知能テストの改訂はさらに継続され、WPPSI は 2012 年に WPPSI-IV へ、WISC は 2014 年に WISC-V へ、KABC-II は標準化調査により 2018 年に規準値だけを改訂した KABC-II NU へ、WJ は 2014 年に WJ-IV へ、CAS は 2014 年に CAS2 へと改訂されている。

　先行研究で示された犯罪・非行を説明する心理学理論を整理した Moore (2011) によると、①学習理論、②知能理論、③性格理論、④サイコパス理論、⑤認知・社会的発達理論の 5 つがこれまでに提案されてきた。知能理論は、IQ の低さを犯罪・非行の単一原因とする、現代では否定されている見解に始まった。一般少年と比較した場合に非行少年の IQ が低いという分析結果は、人種や社会階層、経済的・教育的・言語的背景を統制してもなお観測され続けてきた。その後、IQ の低さと非行との間を媒介している要因を探る研究が勃興し、学校適応がその最有力候補として浮かび上がった。IQ の低い子どもは学校での成績も悪く、教師や大人たちから受容されにくくなる。学校で評価される機会を失った子どもは、別の場所で承認を得ようと動き始め、学校による社会統制が機能しなくなる。その結果、社会的な統制力を欠いた子どもたちが非行に手を染めるというメカニズムである。ただし媒介要因としては、不良仲間からの圧力や自己統制力を想定する知見も報告され始めている。総じて、心理学理論としては、非行と IQ との関係は確固としているが、間接的な関連性に過ぎないというのが到達点である。

　この時代になると縦断的調査を分析した大規模な研究が多くなる。Pittsburgh Youth Study という縦断的調査において、12 歳時点で認知的衝動性と IQ を測定され、28 歳までの犯罪歴を調べられた 422 人を再分析した Loeber, Menting, Lynam, Moffitt, Stouthamer-Loeber, Stallings, Farrington, and Pardini (2012) によると、認知的衝動性が高く IQ が低い少年で犯罪生活曲線における逮捕率は高かった。ただし、IQ の高い少年では認知的衝動性が思春期前期の犯罪発生と関連していた一方で、IQ の低い少年ではど

の発達段階においても認知的衝動性と犯罪発生に相関がなかった。同じ調査における 412 人のデータを再分析した Menting, Van Lier, Koot, Pardini, and Loeber（2016）では、12−13 歳時に WISC-R で測定した IQ の低さが 13−29 歳間に逮捕される確率を著しく高めていた。フィンランドで実施された 1987 年生まれの男性を追跡する調査を分析した Schwartz, Savolainen, Aaltonen, Merikukka, Paananen, and Gissler（2015）によると、犯罪加害を 9 つの公的記録から、そして知能を言語、数的、空間的推論能力から測定したところ、知能の高い方と低い方に犯罪加害率の上昇が認められる例外的な曲線関係も見られたが、多くの場合、知能と犯罪加害との間には基本的に直線的な関係性が検出された。イギリスで行われた大規模（13,221 人）な縦断調査のデータを分析した Staff, Whichard, Siennick, and Maggs（2015）によると、わずか 3 歳時点における認知能力の弱さがすでに後々の反社会的傾向を予測していた。逆転の発想で、非行から離脱した少年の特性を調べるために Cambridge Study in Delinquent Development の男性 411 人を分析した Mercer, Farrington, Ttofi, Keijsers, Branje, and Meeus（2016）によると、8−10 歳時点における非言語性 IQ の高低は、10−18 歳までに非行から足を洗うことと無関係であった。ただし、自己申告による非行群よりも判決を受けた非行群で非言語性 IQ が低かった。Michigan Longitudinal Study で収集された縦断的調査のデータを分析した Meldrum, Trucco, Cope, Zucker, and Heitzeg（2018）では、fMRI と非行との関連を調べるための共変量として WISC-Ⅲ による IQ を統制しているものの、そもそも知能と自己申告による非行との間に相関はなかった。

　欧米圏以外からの報告も増えている。中国で Attention deficit/hyperactivitiy disorder（AD/HD）や読字障害のある非行少年 117 名の実行機能を測定した Poon and Ho（2014）によると、AD/HD だけのある非行群では行動抑止、読字障害だけのある非行群では処理速度と視覚記憶に弱さが認められた。日本で知的障害のある性非行少年を Wechsler 式知能テストで分析した Miyaguchi and Shirataki（2014）によると、同じように低い IQ であって

も、注意の切り替え、処理速度、ワーキングメモリ、前向性記憶の得点が、性暴力のない非行少年よりも性非行少年で低かった。同じく日本で非行少年 22 名（15.9 歳）と定型発達の高校生 28 名（16.0 歳）ならびに軽度知的障害のある特別支援学校の生徒 12 名（16.9 歳）に KABC-II を実施した Kumagami and Kumagai（2014）は、長期記憶と検索、結晶性知能、読み書き、数的処理において定型発達群より非行群の得点が低いことを見出した。公判前で拘留中の 10−18 歳になるアメリカの少年 1,829 名に Kaufman 簡易知能テストを実施した Lansing, Washburn, Abram, Thomas, Welty, and Teplin（2014）では、IQ が非行少年で 79.8、非行少女で 81.3 と測定された。ニュージーランドで行われた Pacific Islands Families Study で 11 歳の子どもを調査した Paterson, Tautolo, Iusitini, Taylor, and Siegert（2016）によると、Wechsler Abbreviated Scale of Intelligence（WASI）で測定した知能は非行尺度の得点と関連してはいなかった。トルコで保護観察中の少年のうち、初犯 36 名と累犯 19 名を比較した Poyraz Fındık, Rodopman Arman, Erturk Altınel, Durlanık, Ozbek, and Semerci（2019）によると、WISC-R ないし WAIS の分析結果から、全検査 IQ、言語性 IQ、動作性 IQ のいずれも累犯少年より初犯少年で高かった。

　過去の大規模調査データを再分析する報告も見られる。1976 年から実施されていたコホート調査のデータを分析した Thomas, Thomas, Burgason, and Wichinsky（2014）では、WISC の結果が低いほど、暴力非行ならびに成人後の犯行に陥りやすいという結果が得られている。National Longitudinal Survey of Youth 1997 による縦断的調査のデータを分析した Ward and Williams（2015）では、16 歳までに非行に陥った少年は、知的能力の問題も含めて、後に高校や大学の卒業が難しくなっていた。

　メタ分析による報告も安定的に蓄積されている。知能とマキャベリズム・自己愛・サイコパスの Dark Triad 特性が関連しているのかを先行研究 48 のメタ分析から調べた O'Boyle, Forsyth, Banks, and Story（2013）によると、知能は Dark Triad のうち、いずれの特性とも相関しておらず、この結

果は「悪の天才」仮説を否定するものであった。1995－2014年までに刊行
された55の研究をメタ分析し、生涯持続型の非行少年に対するリスク因子
を明らかにしたAssink, van der Put, Hoeve, de Vries, Stams, and Oort（2015）
によると、神経認知領域の総合的なリスクは $d = 0.24$ と大きくはなく、仔
細に見ると、一般知能 g で $d = 0.28$、言語性IQで $d = 0.27$ 程度であった。
つまり、非行少年が一過性から生涯持続型へと移行するうえで、知能はあ
まり関係がないとの結果であった。

　サイコパスとの関連を調べた報告も続いている。9－18歳の思春期青年
361人に情性欠如、自己愛、衝動性という3つのサイコパス特性と Wechsler
式知能テスト簡易版を実施した Allen, Briskman, Humayun, Dadds, and
Scott（2013）によると、性別や社会経済的背景などを統制したところ、言
語性IQと3つのサイコパス特性に相関は見られなかったが、自己愛傾向だ
けは動作性IQとの間に負の関連性が認められた。サイコパス特性と犯罪遂
行の関連を知能が中和させている可能性について大学生372人に質問紙調
査を実施した Wall, Sellbom, and Goodwin（2013）によるポアソン回帰分析
では、言語性IQがサイコパス特性と犯罪遂行との間を媒介しており、サイ
コパス特性と知能の両方が高い場合は犯罪に関与しにくくなっていた。6－
9歳で AD/HD のある子ども114人とない子ども107人に対して、反抗挑
戦性障害や素行障害、自己愛や冷淡な特性（callous-unemotional）と IQ と
の関係を調べた McKenzie and Lee（2015）によると、自己愛と IQ には交
互作用があり、IQ が高い子どもでは自己愛傾向と反抗挑戦性障害ないし素
行障害との関連が強かった。

　改訂が継続していることもあり、Wechsler 式知能テストの研究は途切れ
ない。言語性IQと逮捕歴との間にある関係性を調べた Yun and Lee（2013）
によると、生涯固執型の非行少年においては、低い言語性IQと自己申告
に基づく逮捕歴との間に有意な関連があった。スペインの少年司法による
判決の結果、治療施設へ送致された非行少年144人（15－21歳）に WAIS-
III または WISC-IV を実施した Ribas-Siñol, del Prado-Sanchez, Claramunt-

Mendoza, Civit-Ramirez, Canalias-Perez, and Ochoa（2015）は、31％に軽度の知的障害が認められたと報告している。Wechsler 式知能テストの改訂に伴う IQ プロフィールの妥当性を検証するために、WISC-III（88 名）とWISC-IV（202 名）のデータを分析した January, Bartoi, Kuentzel, Somers, and Barnett（2015）では、WISC-III では問題行動との負の相関があったのに対して WISC-IV にはなかった。WISC-III には問題行動を反映する成分がより多く含まれていたが、改訂により純粋に知能を測定している精度が増したものと結論されている。13−17 歳で少年司法に係属した少年 1,216人に実施された WASI-II の結果を分析した Ray, Thornton, Frick, Steinberg, and Cauffman（2016）によると、推定 IQ は潜在クラス分析で見出された暴力非行群と他の非行群とをかろうじて識別していた。非行少女 430 名の WISC-IV を分析した Werner, Hart, and Ficke（2016）によると、IQ は規準値より低く、クラスタ分析の結果には、従来から反復して再現されてきた言語性劣位（動作性優位）のプロフィールが出現した。また、性犯罪あるいは他の罪種で判決を受けた少年 925 名に WASI を実施した Falligant, Alexander, and Burkhart（2017）では、いずれの群も基準値より低くはあったものの、成人犯罪者の傾向とは異なり、性非行群で IQ は高かった。スペインで 12−21 歳の子どもたちに実施された Duran-Bonavila, Vigil-Colet, Cosi, and Morales-Vives（2017）の調査では、地域の一般群 528 名、社会的排除を受けていた群 278 名、非行群 130 名の 3 群間で WISC-IV の言語性下位検査である知識を比較したところ、社会的排除群と非行群の成績が低かった。ギリシャで行われた Lazaratou, Kalogerakis, Petroutsou, Bali, Konsta, Pirlympou, Papadakos, Bechraki, and Dikeos（2018）の調査では、WISC-IV を用いて素行障害群 55 名と対照群 61 名を比較し、全検査 IQ と動作性 IQ の低さを確かめている。衝動的な犯行は知的障害と関係しているのか、WISC-IV で IQ を判定し、定型発達群 77 名と知的障害群 23 名の群間差を調べた Christensen and Baker（2020）によると、むしろ定型発達群の方で衝動性の得点は高かった。

　この時代もやはり知能と非行との関連を直接扱った研究テーマは減少している。ただし、理論的な背景から知能と非行との関係を整理する知見やメタ分析により統合的な結論を導こうとする知見、そして蓄積された縦断的調査の結果を再分析する知見などは増加傾向にあり、実証的調査を一つひとつ繰り返す時代は終焉を迎えて、個々の知見を体系化し、エビデンスとして再整理しようとする動きが出現し始めている。一方、欧米圏以外では、従来の方法論による非行群と対照群との単純な比較分析が報告され始めた地域もある。そうした地域では、使用されている知能テストの版も古いが、欧米圏以外の知見が報告されることにより、世界規模で知見の妥当性が確かめられることから、この時代になって犯罪心理学における知能と非行のテーマはグローバルに実証され始めているといえる。

4．本邦における研究知見

　海外の知見に比較すると研究蓄積は脆弱ではあるものの、本邦でも非行少年の知能に関するテーマは古くから継続している。我が国における非行と知能の研究史を展望するために、唯一「犯罪心理学」を冠する学術団体である「日本犯罪心理学会」の学術誌『犯罪心理学研究』から研究論文の推移を調べた。1963 年の 1 巻 1 号から 2020 年の 58 巻 1 号までに掲載された原著論文と資料論文の合計 391 本中、「知能」ないしその周辺のキーワード（発達、知的、認知、精神薄弱など）が含まれている論文を抽出すると 21 本あった（約 5 %）。学術論文にとどまらず、1989 年 27 巻特別号から 2019 年の 57 巻特別号までに掲載された学会発表総数 2580 本中、同様のキーワードが含まれていたのは 61 本であった（約 2 %）。学術論文と学会発表の変遷を Figure 2-1 に示した。

　知能に関する学術論文 21 本のうち、1965−2004 年までの 12 本は大学や少年鑑別所からの報告であるが、2007−2020 年の 9 本はすべて児童相談所からの研究知見であった。研究概要を羅列すると、知的障害と性非行と

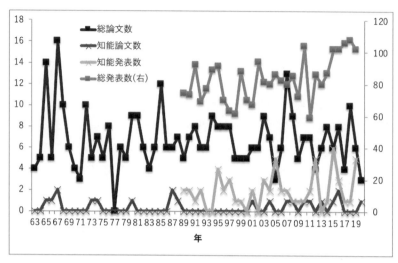

Figure 2-1　日本犯罪心理学会で報告された学術論文と学会発表の推移
学術論文は 1963 〜 2020 年、学会発表は 1989 〜 2019 年、学会発表の総数のみ右軸

の関連を扱った研究（高桑、1965）、知的障害を持つ犯罪者の鑑定例の報告
（橋田、1966）、非行少年に WAIS を実施した報告（高橋、1967）、非行少
年の成熟を発達心理学の視点から分析した研究（石田、1967、1973）、非行
少年の道徳性を分析した報告（笠井・池川、1974）、非行少年の認知構造を
犯行現場の情報から推定した知見（中村、1980）、法務省式人格目録の信頼
性と妥当性に対する知的水準の影響を調べた分析（小板、1988）、発達上の
危機と犯罪や非行との関連を扱った理論研究（森、1988、1989）、医療少年
院において AD/HD と素行障害との関連を考察した知見（野村・金・工藤、
2001）、非行少年の未熟さを発達的観点から分類した試み（外川、2004）、
児童相談所における虐待された子どもの知能に関する研究（緒方、2007、
2010、2011、2013a、2016a、2016b、2020）と非行少年の知能に関する研
究（緒方、2008、2015a）、以上 21 本が掲載されていた。
　学会発表には、1990 年代で、以下のような合計 16 研究が報告されてい
た。受刑者の学力を矯正協会版能力検査（CAPAS II）の結果と比較分析し

た報告（浦田・高野・近、1990）、矯正協会版パーソナリティインベント
リー（CAPAS-PI）の妥当性と信頼性を検証した知見（北澤、1991）、CAPAS
のIQ相当値と受刑作業の関連を調べた研究（大谷・福井、1991）、医療少
年院において情緒障害のある少年と知的障害のある少年とを比較した分析
（原・十倉・小田、1992；淵上・小林・原・小田、1993；小林・淵上・原・
小田、1993）、非行少年に対する新田中B式知能テストの結果を分析した
報告（閻崎・岡本、1996、1997）、集団用のCAPAS Ⅰと個別用のCAPAS Ⅱ
の再分析（大西・原島・斎藤・井部・出口、1996；出口・原島・斎藤・井
部・大西、1996）、知的障害のある受刑者グループにソーシャルスキル訓
練を実施した事例（山村・藤岡・馬場、1996）、知的障害のある非行少年に
Children's Apperception Test を実施した事例（立川、1997）、新田中B式知
能テストの結果をクラスタ分析した報告（山崎、1998）、新田中B式知能
テストを成人受刑者に実施した報告（閻崎、1998）、成人受刑者に実施され
たCAPAS Ⅰと職業適性検査に対して同時に因子分析を試みた研究（上垣、
1998）、殺人未遂で「多重人格」と診断された事例に実施されたWAIS-R
結果の報告（藤田、1999）、である。

　2000年代になると、以下の18の学会発表があった。新田中B式知能テ
ストのクラスタ分析結果を成人と少年で比較した報告（閻崎、2000）、14－
15歳の非行少年に対する新田中B式知能テストを規準集団のノルムと比
較した分析（閻崎、2002）、強制わいせつ罪の少年に実施したロールシャッ
ハ法から「知性化」反応を分析した事例（神門、2002）、罪種別に新田中B
式知能テストの結果を比較分析した研究（浅野・柴原・畑田、2004）、罪種
別と学歴別に非行少年の学業に対する意識・態度を調査した報告（畑田・
柴原・浅野、2004）、新田中B式知能テストのプロフィールと性格特徴と
の関連を調べた分析（閻崎、2004、2005）、AD/HD傾向のある非行少年の
WAIS-Rを比較分析した研究（土中・細井・小栗、2005）、広汎性発達障害傾
向のある非行少年のWechsler式知能テストを分析した報告（熊上、2006）、
少年鑑別所再入所者に対して新田中B式知能テストの増減と性格特性との

関連を調べた研究（遠藤、2006）、CAPAS I の因子的妥当性を調べた分析（岡本・上垣・浅野・高橋、2006；上垣・岡本・浅野・高橋、2006）、新田中 B 式知能テストを分析的に解釈する試み（闇崎、2006、2007）、WISC-III と性格特性との関連を調べた分析（山口・白石・東海林・浦尾・只野・中島、2007）、知的障害のある非行少年が少年院を退院してから社会復帰する際の福祉との連携を指摘した報告（大場・西村、2008）、新田中 B 式知能テストを WAIS-R と比較しながら分析した研究（闇崎、2008、2009）、である。

　2010 年代になると、以下の 25 の学会発表があった。非行少年に WAIS-III を実施した報告（渡辺・植田・大山・伊藤、2010）、家庭裁判所に係属した非行少年に KABC-II を実施した報告（熊上、2011、2013）、性的虐待を受けた被害児の WISC-III プロフィールを分析した研究（緒方、2012）、境界知能の受刑者に対してアンガーマネージメントを実施した報告（高野、2012）、知的障害のある受刑者の特徴を分析した研究（下田・相澤・山﨑・三浦・服部、2013；相澤・下田・山﨑・三浦・服部、2013）、虐待された子どもに実施された WISC-III と WISC-IV の相関を調べた分析（緒方、2013b）、非行少年に対する新田中 B 式知能テストと WISC-III の基準関連的証拠を分析した報告（水上、2013）、知的障害のある成人受刑者に実施された WAIS-III の分析（鍋島・木髙・上野、2015）、性的逸脱行動を呈した知的障害のある女子に対する行動介入の事例報告（國分、2016）、知的障害のある性非行少年に対して Good Lives Model の観点から実施された少年院での矯正教育に関する事例（林、2016）、少年鑑別所における KABC-II と新田中 B 式知能テストとの基準関連的証拠を調べた研究（菅原・鈴木・服部、2016；菅原・服部・福場、2017）、再犯リスクと知能との関連を新田中 B 式知能テストによって分析した研究（二ノ宮・渕上・東山・那須、2016）、非行少年に実施された新田中 B 式知能テストに対して CHC 理論に基づく因子構造を検証した知見（吉川・神垣、2016）、WAIS-III による知的障害のある受刑者の特徴を分析した報告（鍋島・松元、2016）、少年鑑

別所で知能テストの結果を非行少年にフィードバックした事例の紹介(林、2017)、知的障害のある受刑者が再犯に至った経過を調査した報告（鍋島・宮本、2018）、障害者施設を退所した触法知的障害者の再犯予測（東條・遊間、2018）、神経心理学的検査から触法知的障害者の攻撃性を分類した試み（東條・遊間・金澤・河原・石田、2019）、障害者施設内での逸脱行動に対する触法知的障害者の前頭葉機能とアンガーコントロール訓練の効果を検証した報告（石田・遊間・金澤・河原・東條、2019）、改訂された WAIS-IV を受刑者に実施した報告（久保・鈴木・小熊・外村・三浦・山浦、2019；外村・鈴木・小熊・久保・三浦・山浦、2019；小熊・鈴木・久保・外村・三浦・山浦、2019）、である。

　日本では知能の研究自体が少なく、犯罪心理学においても決して主流のテーマではない。しかしながら、心理学の黎明期から取り組まれている研究テーマであるだけに、数は少ないながらも知能研究は細々と継続されている。

5．原因論の否定

　海外と国内の研究知見を概観すると、犯罪心理学における知能研究は実にさまざまなテーマを包含していることがわかる。学問的な理論研究から方法論としての知能テスト研究や実践的な臨床研究に至るまで、幅広く取り組まれてきた歴史がある。ただし、犯罪心理学における知能研究の端緒が Goddard, H. H. による家系研究であり、そこで科学的な装いを纏って見出された知見が知的障害を犯罪の原因とする考え方であったことは歴史的に極めて重要である。そのため、実に一世紀以上もの間、さまざまな研究に通底する源流的なテーマとして犯罪・非行の原因として知能を捉えるモデルが何度となく繰り返されてきた。

　近年、犯罪心理学においてはリスクアセスメント研究が勃興しており、集積された知見からメタ分析によりいくつかのエビデンスが抽出されてい

Table 2-1　セントラルエイトと他のリスク因子（Andrews & Bonta、2010）

リスク因子	I	II	III	IV	V	VI	VII	VIII
セントラルエイト								
犯罪前歴	.21	.38	.16	.26	.35	.22	.28	.16
反社会的性格	(.21)	(.38)	.18	.19	.31	.12	.34	.33
反社会的態度	.22	.48	.18	--	.21	--	.15	.36
反社会的仲間	(.22)	(.48)	.21	.37	.27	--	--	.28
家庭／結婚生活	.18	.20	.10	.19	.16	.10	.14	.33
教育／職業生活	.12	.28	.13	.19	.28	.04	.17	.21
物質乱用	--	--	.10	.06	.24	.11	.22	.06
余暇活動	--	--	--	--	.21	--	--	--
他の因子								
低所得階層	.06	.05	.05	.10	--	.00	--	--
刑罰への恐怖	--	--	--	--	--	--	--	-.25
ストレス／精神病理	.08	.07	.05	--	.14	-.04	.02	-.08
言語性知能	--	--	.07	.11	--	.01	--	--

Ⅰ…Gendreau et al. (1992)、Ⅱ…Simourd & Andrews (1994)、Ⅲ…Gendreau et al. (1996)、
Ⅳ…Lipsey & Derzon (1998)、Ⅴ…Andrews et al. (2004)、Ⅵ…Bonta et al. (1998)、Ⅶ…Hanson &
Morton-Bourgon (2004)、Ⅷ…Dowden & Andrews (1999)
[--]…欠損値、（　）…上の数値と総合

る。『The Psychology of Criminal Conduct』は 1994 年の Andrews, D. A. and Bonta, J. による初版から Andrews, D. A. の死後も改訂され続け、2017 年には第 6 版が刊行されるに至った犯罪心理学の名著である。この著作のなかで先行するメタ分析の結果を整理し、セントラルエイトと呼ばれるリスク因子が同定されている（Table 2-1）。

　知能はセントラルエイトに含まれておらず、犯罪のリスク因子としては極めて弱く、それ単体では無関連であった。すなわち、知能が低い「から」犯罪を行ったという因果関係は認められなかったばかりか、そもそも知能の低さは犯罪行為と関連さえしていなかったのである。メタ分析によるエビデンスが現時点で示しているのは、少なくとも知能を犯罪の原因と捉え

ることは間違いであるという事実である。その意味では、知的障害が犯罪の原因であるという考え方も同様に間違いである。つまり、犯罪心理学は約一世紀という時間を費やして、知能あるいは知的障害が犯罪の原因であるというモデルを否定してきたのである。

　ただし、知能が高ければ再犯を予防できたり、就職に有利であったりして、結果的に犯罪から離脱するのを助けるという可能性は否定できない。加えて、年少の子どもに限定した場合、非行のリスク因子として知能が全く機能しないとは考えにくい。すなわち、最大広義の犯罪原因としては否定されたものの、知能自体が犯罪・非行という現象と無関係であると証明されたわけではない。言い換えると、知的障害があるために善悪の区別がつかずに罪を犯したというような短絡的な因果関係は否定されるものの、知的障害を含めた知能の高低が間接的に犯罪・非行と関連しており、特に、本研究で対象とする触法少年のような低年齢の児童においては、まだまだ研究知見を蓄積させていく必要があるものと考えられる。

Cognitive profiling of Juveniles under
14 years of age alleged to have violated
any Criminal Law or Ordinance

Ⅲ章
知能理論と知能テスト

> 事物の真理を探究するには、方法が必要である。
>
> *René Descartes*

1．CHC 理論

　知能研究は 20 世紀末、Carroll, J. B. による記念碑的著作『Human Cognitive Abilities』が刊行されたことで大きな転換期を迎える。過去 50−60 年の間に報告された 460 を超える膨大な数の因子分析に基づき、CHC 理論が提唱された結果、知能構造の理論的な側面は大幅に解明されたといえる。裏を返せば、1998 年頃までに開発された知能テストは CHC 理論を背景にして作成されておらず、知能研究は理論と実践の間に大きな溝を掘り続けていた。ところが、2000 年代以降の知能テストは、その開発時点から CHC 理論が意識されており、理論と実践の溝は少しずつ埋まり始めているのである（Alfonso, Flanagan, & Radwan, 2005）。

　CHC 理論では、知能が 3 層に構造化されていると考える。一番奥の第 3 層には一般知能 g を想定し、続いていくつかの広範的能力が中間の第 2 層因子として取り上げられ、70 を超えるたくさんの限定的能力が最下層に位置している。当初に想定されていた知能因子、つまり広範的能力の数は

10 程度であったが、後に少しずつ新たに因子が発見され続け、現在では15 を超えるモデルが提案されている（McGrew, 2009）。以下では Newton and McGrew（2010）に従って広範的能力と限定的能力を説明する。なお、伝統的に「流動性知能」および「結晶性知能」というように、単語の中に「知能」を含めて翻訳されてきた Gf と Gc であるが、Gf-Gc 理論と異なり、CHC 理論ではあくまでも因子分析によって抽出された広範的能力の 1 つに過ぎない。したがって、因子名の中に「知能」を含む翻訳を避け、流動性推理ならびに理解知識との用語を採用している。

■ 流動性推理（Fluid Reasoning：Gf）

　Gf は、過去に経験のない目新しい問題に対して、思考を柔軟に駆使して解く能力である。具体的には、①推論、②概念形成、③分類、④一般化、⑤仮説の生成と検証、⑥関連性の同定、⑦背景の理解、⑧問題解決、⑨推定、そして⑩情報の翻訳などの力が含まれる。一般的には帰納的推論と演繹的推論が Gf の測定指標として代表的である。Gf は、基本的な認知機能を幅広く広範囲に応用できる認知的複雑性と関連しており、歴史的には流動性知能と呼ばれてきた。

　演繹的推論（General Sequential〈deductive〉Reasoning：RG）――RGは、ルール、約束事、条件といった言明から始めて、1 つ以上の段階を経た後に問題解決へと至る能力である。与えられた一般的条件から、具体的に課題を解決するための推論を経て結論に至る思考過程であり、しばしば仮説演繹的推論とも呼ばれている。

　帰納的推論（Induction：I）――I は、具体的な課題の背景、一連の観察結果、あるいは過去のルールを適用した結果から導き出される潜在的な特性（法則、概念、原理、過程、流行、分類要素）を発見する能力である。個別の事例や観察から、一般的なルールや普遍性へと至る思考過程であり、推理、法則、仮説、結論を形成するばらばらの欠片を繋ぎ合わせる能力である。

　数的推理（Quantitative Reasoning：RQ）──RQ は、数学的な意味での関係性や特徴に関連する概念について、帰納的ないし演繹的に推理する能力である。

　ピアジェ的推理（Piagetian Reasoning：RP）──RP は、ピアジェの認知発達段階で定義された認知的概念を獲得し、さらに、論理的に思考する際、その概念を応用する能力である。この概念には、現象の関連性を理解しやすくするために一つひとつの要素を順番に並べる序列化、外見が変わっても物理的な質量は変わらないことに気づく保存、共通特徴を備えた要素を大きな枠組みにまとめあげる分類など、いくつかの下位概念が含まれている。

　推論速度（Speed of Reasoning：RE）──RE は、限られた時間のなかで、ある問題に対する法則や解決策をできるだけ多く思い付く速度など、推理課題に取り組む際の流暢性や速さである。（後に説明する）Gs と同様の能力でもある。

■ 理解知識（Comprehension-Knowledge：Gc）

　Gc は、ある文化圏で生活する個人により獲得されたその文化圏での知識である。特定の文化圏における言語、情報、概念の幅広さと奥深さであり、その知識を応用する力ともいえる。公式か非公式かを問わず、教育や一般生活を通して学習された言語的な宣言的知識（それが何なのか）や手続的知識（それをどうやるか）の記憶量である。歴史的には結晶性知能と呼ばれてきた。

　言語発達（Language Development：LD）──LD は、考えたことや感じたことを誰かに伝えようとして、自分の国の言葉を話す能力のうち、単語、文章、段落を理解して使用する力である（読む力ではない）。

　辞書的知識（Lexical Knowledge：LK）──LK は、意味論的に正しく理解できる名詞、動詞、形容詞といった語彙の豊富さである。LD とは異なるという知見があるものの、極めて高密度に絡み合った 2 つの能力を解き

ほぐすことは至極難しい。

聴く力 (Listening Ability：LS) ── LS は、単語、述語、文章、段落などを含めて、口頭による会話を耳で聞いて理解する力である。誰かが話した情報を受け取り理解する能力ともいえる。

言語知識 (General〈verbal〉Information：G0) ── G0 は、すでに獲得している（主に言語的な）一般知識の量である。

文化知識 (Information about Culture：K2) ── K2 は、音楽、芸術、文学などの一般的な文化に関する知識の量である。

会話能力 (Communication Ability：CM) ── CM は、思ったこと、考えたこと、感じたことを複数の他者に伝えるべく、対話、講義、集団参加といった実際の生活場面でしゃべる力である。

言葉の生成と流暢さ (Oral Production and Fluency：OP) ── OP は、概念的に CM よりも狭く、さらに特異的な口頭による会話能力である。しかし、厳密には定義されていない。

文法的感受性 (Grammatical Sensitivity：MY) ── MY は、ある国の言語における単語（形態学）と文章（構文）の構成に関して、その特徴および構造的な原理を理解する能力である。ただし、この知識を応用する力までは含まない。

外国語熟練度 (Foreign Language Proficiency：KL) ── KL は、外国語に関する言語発達と同様の能力である。

外国語適性 (Foreign Language Aptitude：LA) ── LA は、新しい言語を学ぶのに必要な努力量ないし容易さの程度である。

■ 領域固有の知識 （General〈domain-specific〉Knowledge：Gkn）

Gkn は、ある文化圏において、誰もが体験するような一般的・普遍的な事柄（Gc）ではなく、特定のテーマに関する知識の幅広さ、奥深さ、その獲得具合である。長期間にわたる集中的で体系的な練習や訓練によって獲得

可能な特定領域における深い知識であり、日常的な練習や意識的な努力によって維持される。言い換えると、専門知識である。

第二言語としての英語力(Knowledge of English as a Second Language：KE) ──KE は、第二言語としての英語の知識量である。

サイン言語の知識量（Knowledge of Signing：KF）──KF は、たとえば、聴覚障害者や耳の不自由な人とコミュニケーションを取るとき、アメリカ式サイン言語を使用して指で空書きしたりジェスチャーを示したりする知識量である。

読唇技術（Skill in Lip-Reading：LP）──LP は、口唇の動きを観察して他者の意図を読み取る読唇術に関する能力である。

地理の知識（Geography Achievement：A5）──A5 は、たとえば、ある国の首都名を知っているといった地理学的な知識量である。

機械の知識（Mechanical Knowledge：MK）──MK は、日常的な道具、機械、装備品などの機能、用語、操作法に関する知識量である。ただし、情報技術が爆発的に発展する以前からこの能力は知られており、FAX、コンピュータ、インターネットといった現代技術の利活用までを含めるのかについては明らかになっていない。

非言語行動の読解力（Knowledge of Behavioral Content：BC）──BC は、ある文化圏において、特有のパタンとなる顔の表情やジェスチャーなど、音声言語の奥に隠れた非言語的な相互作用を理解し、相手の感覚、情緒、意思を読み取る能力である。

■ 視覚処理（Visual Processing：Gv）

Gv は、視覚的なイメージや感覚を生み出し、貯蔵し、思い出し、変換する能力である。図的・幾何学的刺激を用いて、視覚的形態を正しく知覚して変換する課題、ないしは、移動したり変化したりする対象を空間的に把握する課題を通して測定される。

視覚化（Visualization：Vz）──Vz は、空間内の形態、対象、場所を把

握し、二次元ないしは三次元的に何度か回転させることで、他の形態、対象、場所と突合させる能力である。速度は要求されないが、視覚的対象やパタンを心のなかに思い浮かべ、操作して変換する。たとえば、要素を動かして整理し直すことで、条件を変えるとどのように見えるかを予測する能力が含まれる。次のSRと違って、流暢さは重要視されない。

空間関係（Spatial Relations：SR）——SR は、視覚的なパタンを素早く知覚し、心的回転、変換、反映などの操作を実行する、あるいは、空間のなかで対象の持つ方向性を視覚イメージとして維持する能力である。別の角度や位置から見ても同じ対象であると同定する能力が含まれる。

閉合速度（Closure Speed：CS）——CS は、対象物が何なのかわからない状況下において、不確かであいまいに分断された視覚刺激のなかから、意味のある身近な視覚的対象を素早く見付ける能力である。

閉合の柔軟性（Flexibility of Closure：CF）——CF は、あるパタンが何なのかわからない状況下において、複雑に隠され埋め込まれた視覚的パタンのなかから、特定の図形や視覚的な形態を探し出す能力である。視覚認知を邪魔している背景刺激に気づき、それを無視することもこの能力に含まれる。

視覚記憶（Visual Memory：MV）——MV は、心の中で思い浮かべた視覚的な形態や布置関係を少なくとも 2—3 秒間（典型的には短時間）記憶し、後で思い出す能力である。

空間探索（Spatial Scanning：SS）——SS は、広範囲に拡がる複雑な空間的パタンを素早く正確に探索し、特定の布置を見出す能力である。通常、視野の中から指示された道や通路を発見する視覚的能力が求められる。

系列知覚統合力（Serial Perceptual Integration：PI）——PI は、たとえば、小さな窓から犬の線画が少しだけ見えるといった視覚的パタンを素早く順番に示されたとき、それが何の写真なのかを特定するような能力である。

長さ推定力（Length Estimation：LE）——LE は、測定器具を用いずに長

さや距離を正確に推定したり比較したりする能力である。

　錯覚抵抗（Perceptual Illusions：IL）――IL は、たとえば、視覚刺激の持つ特徴に反応して誤った知覚を形成しないという意味で、錯覚を惹き起こす幾何学図形に影響されず、正確に知覚する能力である。錯覚に抵抗する個人の反応傾向とも捉えられる。

　反転抵抗（Perceptual Alternations：PN）――PN は、複数の視知覚を惹き起こす刺激に対して、一貫した１つの視知覚を維持できる能力である。

　視覚的象徴（Imagery：IM）――IM は、眼前にない漠然とした対象物、考え、出来事、印象を心に思い描いて操作する能力である。想像した事物を心に思い描ける量とその流暢さは別因子であると考えられている。

■ 聴覚処理（Auditory Processing：Ga）

　Ga は、入力としての音刺激ないし聴覚器官の機能に関する能力である。たとえば、周囲の雑音から信号情報をうまく取り出せるかといった聴覚知覚を、意識的にどの程度コントロールできるのかが重要な特徴となる。ただし、音を解釈したり統合したりする能力に限定される。たとえば、背景に雑音があるなど、歪曲された条件下で音声や音楽の構造を識別する力、さらに、音の要素、音の集まり、音のパタンを分析、操作、把握、統合する力でもある。

　音の符号化（Phonetic Coding：PC）――PC は、短期記憶内にある音声情報を符号化したり、処理したり、微妙な違いに気づいたりする能力である。会話中に聞こえる音を特定、分離、融合、変換する力も含まれる。音声学的で音素論的な意味での感受性ともいえる。

　会話音声識別力（Speech Sound Discrimination：US）――US は、妨害刺激がほとんどない条件下で、音素や会話の音声における違いを聴き分ける能力である。

　聴覚刺激の歪曲抵抗（Resistance to Auditory Stimulus Distortion：UR）――UR は、会話や言葉を聞いて理解する際、歪曲や妨害に影響され

ない抵抗力である。研究段階では、URとUSを明確に分離することは難しいとされている。

　音のパタン記憶（Memory for Sound Patterns：UM）——UMは、短期記憶内に、音質、音のパタン、声などの聴覚情報を保持する能力である。

　一般的音識別力（General Sound Discrimination：U3）——U3は、音に関する基本的属性である音程、密度、間隔、リズムに関して、音声自体、音声のパタン、音楽を識別する能力である。

　継時的追跡（Temporal Tracking：UK）——UKは、数えたり、予測したり、音楽的な音の順番を変更して整理し直したりできるように、心の中で一連の聴覚情報を追跡する能力である。当初UKは、現在（後に説明する）MWと解釈されている能力と認識されていた。

　音楽の識別と評価（Musical Discrimination and Judgment：U1 U9）——U1 U9は、メロディ、ハーモニー、フレーズ、テンポ、複雑な協和音、音圧の多様性など、音楽における音質パタンの識別と評価能力である。

　リズムの維持と評価（Maintaining and Judging Rhythm：U8）——U8は、音楽のビートを認識し、維持する能力である。

　音密度の識別力（Sound-Intensity/Duration Discrimination：U6）——U6は、音密度を識別し、音声パタンのテンポやリズムを感知する能力である。

　音周波数の識別力（Sound-Frequency Discrimination：U5）——U5は、音の高低や音色といった音の周波数特徴を識別する能力である。

　聞く話す閾値因子（Hearing and Speech Threshold factors：UA UT UU）——UA UT UUは、音の高さとさまざまな周波数を聞き分ける能力である。

　絶対音感（Absolute Pitch：UP）——UPは、音声の音階を完璧に特定する能力である。

　音の方位感覚（Sound Localization：UL）——ULは、聞こえてきた音を空間の中で定位する能力である。

■ 短期記憶（Short-term Memory：Gsm）

　Gsm は、直前（1 分程度の間）に与えられた情報から、限られたいくつかの要素を覚えつつ意識を向け続ける能力である。この能力には、容量制限があり、個人が何らかの認知的資源を使ってその情報を意識し続けなければ、記憶の痕跡は早々に消失してしまう。

　記憶範囲（Memory Span：MS）── MS は、序列化されている要素を覚え、保持し、一時的に思い出し、正しい順番に並べ直す能力である。

　ワーキングメモリ（Working Memory：MW）── MW は、記憶に情報を一時的に留め、Gsm の制限された容量を管理して、適切に注意を配分し、ある情報に対して何らかの認知的操作を実行する能力である。心の「メモ帳」として広く知られており、4 つの下位要素で構成されている。①音韻ループは、聴覚的・言語的情報を取り扱う。②視空間スケッチパッドは、視覚情報を処理するときに一時的な作業場となる。③中央実行装置は、MW 内の活動を管理している。最近、このモデルに付け加えられた要素が、④エピソードバッファである。近年の知見によると、MW は他の限定的能力と異なり、因子分析的な個人差特性ではない可能性がある。実験研究によって明らかにされた記憶に関する知見を説明するために、理論を発展させて提案されたのが MW である。新しい事柄を学習したり、複雑な認知課題を実行したりするときに重要な要素として、現在も MW は CHC 理論に含まれ続けている。

■ 長期記憶と検索（Long-term Storage and Retrieval：Glr）

　Glr は、新しい情報を覚えて記憶に定着させ、後に記憶された情報（概念、考え、項目、名称など）を流暢に思い出す能力である。記憶の定着具合や想起できる程度は、数分、数時間、数週間後に思い出せる情報量によって測定される。生産、観念の流暢さ、連合の流暢さといった Glr を構成する限定的能力のいくつかは、創造性研究において極めて重要な位置にある。

　連合記憶（Associative Memory：MA）── MA は、たとえば、対連合学

習のように、学習内容の一部分が示されたときに、意味的な繋がりの有無にかかわらず、無関連ではあるが過去に学習した別の一部分を思い出す能力である。

意味記憶（Meaningful Memory：MM）──MM は、情報の要素間に意味的な関連があり、かつ、有意味な物語を構成する言説であり、記憶内に現存する内容とも符合する情報を覚え、保持し、思い出す能力である。

自由想起記憶（Free Recall Memory：M6）──M6 は、数多くの項目を 1 つずつ示された後に、連合手掛かりなしで無関連な項目を可能な限り多く思い出す能力である。Gsm や MW で活性化させ続けることは不可能なくらいに広範囲な情報を符号化する能力も含まれる。

概念的流暢性（Ideational Fluency：FI）──FI は、ある条件に合致した観念、単語、語句を素早く生み出す能力であり、質的評価や反応の独自性よりも産出された量の多さが重要視される。できるだけ多く反応するように求められたときに、どのくらい多種多様な反応を思い付けるか、言い換えると、条件に合う観念を幅広く思い出せるかという能力である。

連合の流暢性（Associational Fluency：FA）──FA は、ある限定された領域の単語や概念を示されたときに、意味論的に関連のある単語や語句をどのくらい素早く産出できるかという能力である。FI とは対照的に、量より質が強調される能力でもある。

表出の流暢性（Expressional Fluency：FE）──FE は、ある条件に見合った単語や語句をできるだけ素早く思い出し、意味的に複雑な概念を表現する能力である。FA や（後に説明する）FW のように、単語を個別に思い出すのではなく、関連した言説を産出する能力が要求される。新しい観念を生成する FI とは異なり、与えられた観念を言い換える力が求められる。同じことを別の言い方で表現する能力でもある。

命名機能（Naming Facility：NA）──NA は、それ自体ないし写真のようなヒントが示されたときに、その概念に対して素早く名前を付ける能力である。命名は、個人が知っている名称でかまわないが、その個人の長期

記憶から導かれていなければならない。近年の読字研究では、自動命名速度能力とも呼ばれている。

単語の流暢性（Word Fluency：FW）──FW は、意味ではなく、音素、構造、綴りに配慮して素早く単語を産出する能力である。かねてより「言い間違い」現象との関連が示唆されており、最初に流暢性として特定された能力でもある。

図形の流暢性（Figural Fluency：FF）──FF は、意味のない視覚刺激を眼前に示されたとき、可能な限り素早く、かつ、たくさん描いたり写したりする能力である。質的な評価や独自性よりも、どのくらい多く産出できたかという点が強調される。

図形の柔軟性（Figural Flexibility：FX）──FX は、いくつかの解決法がある図形問題に対して、できるだけ素早くさまざまな解決策を試してみる能力である。いろいろな解決策のある図形問題を取り扱うときの柔軟性ともいえる。

問題への感受性（Sensitivity to Problems：SP）──SP は、たとえば、「健康を維持するためにできることは何か？」といった現実の問題に対するいくつかの解決策を素早く、たくさん思い付く能力である。広義には、ある問題に対して、それが別の何かの変形や関連付けで解ける場合に、その答えを思い付く能力でもある。問題が存在することに対する認識が要求される。

独自性/創造性（Originality/Creativity：FO）──FO は、ある課題、状況、テーマに対して、稀でいて、独自で賢く、拡散的で、なかなか思い付かないような表現や解釈を、できるだけ素早く産出する能力である。問題に対して独特な解決法を開発したり、標準的なやり方では解決できない状況で革新的な方法を発展させたりする能力である。問題解決に際して、新しい独自な方法を見出す力でもある。FI が、たくさんのさまざまな反応を思い付く能力であるのに対して、FO は創造的な反応の質にこそ焦点が置かれている。

学習能力（Learning Abilities：L1）——L1 は、一般的な学習能力の程度であるが、既存の研究知見では十分に定義されていない。

■ 処理速度（Processing Speed：Gs）

　Gs は、注意集中を持続させて効率よく取り組むことが求められるような比較的簡単で、すでに十分学習できている認知課題を自動的かつ流暢にこなす能力である。

　　知覚速度（Perceptual Speed：P）——P は、隣り合っているか別々に置かれているかにかかわらず、眼前に示された視覚的要素を素早く正確に探し出し、異同を識別し、特定する能力である。近年の知見によると、限定的能力と広範的能力の中間に位置しており、以下に示す 4 つの下位能力を含んでいる。①パタン認識力：単純な視覚パタンを素早く認識する力、②探索能力：視覚刺激を探索し、比較し、見つけ出す力、③記憶力：Gsm に重点を置くような速度を要求される視知覚課題を解く力、④複雑性：空間の視覚化課題、推定や補間課題、記憶負荷の高い課題といった認知処理を要する課題に取り組む力である。

　　受験速度（Rate-of-Test-Taking：R9）——R9 は、比較的簡易ないしはかなり習熟している単純な意思決定を要する課題に素早く取り組む能力である。この速度能力は課題の内容や刺激の種類とは関係がない。おそらくは、高次因子である「計量心理学的速度（Psychometric Time）」と類似のものである。ほとんどの計量心理学的速度課題に関連しており、限定的能力と広範的能力の中間層として分類するのが適当との報告もある。

　　数字速度（Number Facility：N）——N は、加減乗除のような基礎的な算数を解いたり、数字を正確に操作したりするときの素早さである。この能力は、数学的問題を理解したり組織化したりすることとは関係がない。したがって、数的推論（RQ）や高度な数学的技術の主たる構成要素でもない。

　　推論速度（Speed of Reasoning：RE）——RE は、たとえば、ある問題に対して実行可能なルールや解決策を制限時間内に数多く産み出すような

推論課題における速度や流暢さであり、Gf の構成要素でもある。

　読書速度（Reading Speed／Fluency：RS）――RS は、いくつかの短い文章や段落を、特に意識を集中させることなく素早く静かに読み、その意味を理解する能力であり、（後に説明する）Grw の構成要素でもある。

　書字速度（Writing Speed／Fluency：WS）――単語や文章を何度も正確に書き写したり、素早く書いたりする能力であり、（後に説明する）Grw や（後に説明する）Gps の構成要素でもある。

■ 判断速度（Reaction and Decision Speed：Gt）

　Gt は、単純な刺激が呈示されたとき、複雑ではない判断をしてから反応する速度（単純反応時間）、ないしは、いくつかの判断から 1 つを決定する速度（複雑反応時間）である。典型的な Gt は、反応速度や点検速度といった時間測度によって評価される。

　単純反応時間（Simple Reaction Time：R1）――R1 は、視覚的ないし聴覚的に呈示された 1 つの刺激に対する 1000 分の 1 秒単位での反応時間である。しばしばこの能力は、反応を決定し、指を測定機器のホームボタンから離すまでの判断時間とホームボタンから目的のボタンに指を動かし、反応する運動時間の 2 つに分割される。

　選択反応時間（Choice Reaction Time：R2）――R2 は、どちらの選択肢が正解かを判断し、複数の選択肢が呈示されたなかで 1 つを選ぶまでにかかる 1000 分の 1 秒単位の反応時間である。R1 と同様、判断時間と運動時間に分解可能である。しばしば、Hick パラダイムという実験的手法で測定される。

　意味処理速度（Semantic Processing Speed：R4）――R4 は、刺激内容に対する符号化など、心的操作が必要な課題に対する 1000 分の 1 秒単位の判断速度である。

　心的比較速度（Mental Comparison Speed：R7）――R7 は、ある属性や特徴に関して、比較しなければ正解できない課題刺激を呈示されたとき

の 1000 分の 1 秒単位の反応時間である。

点検時間 (Inspection Time：IT) —— IT は、たとえば、長さの異なる 2 つの垂直線が画面上に短い時間だけ呈示され、その異同を比較したり、違いを検出したりするまでにかかる 1000 分の 1 秒単位の反応時間である。

■ 精神運動速度 (Psychomotor Speed：Gps)

Gps は、意識的な支配とは無関係に指や手や足を動かすなど、身体運動による反応を素早く流暢に行う能力である。

四肢運動速度 (Speed of Limb Movement：R3) —— R3 は、運動開始後に測定される腕や脚の身体運動を素早く行う能力であり、正確さは重要でない。

書字速度 (Writing Speed/Fluency：WS) —— WS は、単語や文章を何度も正確に書き写したり、単語や文章や段落を素早く書いたりする能力であり、(後に説明する) Grw や Gs の構成要素でもある。

発話速度 (Speed of Articulation：PT) —— PT は、発話に関する筋肉組織を用いて連続した発話を素早く行う能力である。

運動時間 (Movement Time：MT) —— MT は、比較的容易な認知課題によって測定される反応時間の第 2 段階を意味する。限定的能力と広範的能力の中間層ではないかとの報告もある。要求された反応を行うために、指などの身体部位を物理的に動かすのにかかる時間が MT である。指や四肢の運動ないしは声帯による発話速度によって測定されることもある。

■ 量的知識 (Quantitative Knowledge：Gq)

Gq は、宣言的ないしは手続的に蓄えられた量的または算術的な知識の広さと深さを表す。Gq の多くは、義務教育期間に他の能力を培う過程で獲得される。個人が学習した数学的知識の量を意味してもいるが、この知識を使った推論能力は含まれていない。因子分析的研究では、この領域を狭く捉えてきたが、人生早期における数を扱う感覚やリテラシーなど、他

の限定的能力が存在する可能性は否定できない。

　数学知識（Mathematical Knowledge：KM）── KM は、数学に関する一般知識の広さである。数的操作や数学問題を解く能力ではない。

　数学到達度（Mathematical Achievement：A3）── A3 は、テストで測定される数学の学力である。

■ 読み書き（Reading and Writing：Grw）

　Grw は、個人が学習した宣言的ないしは手続的な読み書きに関する知識と技術の広さおよび深さである。単語を読んだり綴ったりする基礎的な技術から、物語を読んで理解したり創作したりするなど、複雑に結合している文章に対する読み書き能力までが含まれている。

　読字能力（Reading Decoding：RD）── RD は、書記素を認識したり、複数の文字列を知覚したり、発音を対比させたりする細かな能力を活用しながら、単語や擬似単語を識別する読み能力である。

　読解力（Reading Comprehension：RC）── RC は、いくつもの文章を読みながら意味を理解する能力である。

　言語理解力（Verbal/Printed Language Comprehension：V）── V は、単語や理解のテストで測定される。母国語で書かれた単語、文章、段落を理解する能力である。書くこと、聞くこと、話を聞いて理解することは含まれていない。

　空所補充能力（Cloze Ability：CZ）── CZ は、いくつかの単語が体系的に削除された散文を読み、空所に適切な言葉を埋める能力である。文章の意味を正しく理解した者にしか正解は得られないように工夫されている。

　綴り能力（Spelling Ability：SG）── SG は、正しい順序で文字を書いて単語を作る能力である。

　書き能力（Writing Ability：WA）── WA は、思考の明確さや文章表現のうまさを伴って、他者が理解できる程度に情報を書いて伝える能力である。文法の知識や言葉の意味、文章や段落をどのように構成するかなど、書く

ことの下位能力を包含している。

　英語知識（English Usage Knowledge：EU）――EU は、大文字／小文字
の使用、句読点、綴りなど、英語で書いたり話したりするときの規則に関
する知識である。

　読書速度（Reading Speed/Fluency：RS）――RS は、いくつかの短い文
章や段落を、特に意識を集中させることなく素早く静かに読み、その意味
を理解する能力であり、Gs の構成要素でもある。

　書字速度（Writing Speed/Fluency：WS）――WS は、単語や文章を何度
も正確に書き写したり、素早く書いたりする能力であり、Gs や Gps の構
成要素でもある。

■ 精神運動能力（Psychomotor Abilities：Gp）

　Gp は、たとえば、指や手や足などの身体部位を細かく協調的に、かつ、
力強く動かす能力である。典型的には、精神活動の結果として運動や動き
が生じている。

　静的筋力（Static Strength：P3）――P3 は、比較的重たくて、本来は動
かない物を押したり引いたり持ち上げたりしようとする筋力である。

　四肢協応力（Multilimb Coordination：P6）――P6 は、運動開始から測
定される腕や脚を動かす素早さであり、正確さは関係ない。

　指先の器用さ（Finger Dexterity：P2）――P2 は、物体の操作にかかわ
らず、正確に指先を協応させる能力である。

　手先の器用さ（Manual Dexterity：P1）――P1 は、手先ないしは腕と手
を正確に協応させる能力である。

　腕と手の安定感（Arm-Hand Steadiness：P7）――P7 は、空間の中で腕
と手を正確かつ巧みに使用する能力である。

　コントロールの正確さ（Control Precision：P8）――P8 は、操作しよう
としている物体の速度や位置に応じて、筋肉を正確に動かして反応する能
力である。

方向づけ（Aiming：AI）——AI は、目的となる位置に対して、目と手の協応動作を正確かつ流暢に行う能力である。

平衡感覚（Gross Body Equilibrium：P4）——P4 は、直立不動の姿勢を保ったり、一度バランスを失ったあとに再び平衡を取り戻したりする能力である。

■ 嗅覚能力（Olfactory Abilities：Go）

Go は、鼻腔など、嗅覚の主な感覚受容器に依存した能力である。嗅覚の認知的ないしは知覚的側面については未だ十分に研究されていない。

嗅覚記憶（Olfactory Memory：OM）——OM は、匂いに対する記憶である。

嗅覚感受性（Olfactory Sensitivity：OS）——OS は、さまざまな匂いに対する感受性である。

■ 触覚能力（Tactile Abilities：Gh）

Gh は、感覚受容器を通して知覚された感覚に対する判断を含めた能力である。温度感覚、空間的位置、皮膚に接するパタンへの判断も含まれる。触覚の認知的ないしは知覚的側面については未だ十分に研究されていない。

触覚感受性（Tactile Sensitivity：TS）——TS は、皮膚表面への圧力を検出し、適切に識別する能力である。

■ 運動感覚能力（Kinesthetic Abilities：Gk）

Gk は、身体の位置、重量、筋肉または腱や関節の動きを検知する感覚受容器に依存する能力である。歩いたり、話したり、表情を作ったり、身振り手振りをしたり、姿勢を保ったりするために、身体運動をコントロールしたり協応させたりすることが含まれる。Gk の認知的ないしは知覚的側面については未だ十分に研究されていない。

運動感覚の感受性（Kinesthetic Sensitivity：KS）——KS は、腕を含め

た身体の一部や全体の動きを認識する能力と視覚を用いずに以前試みた身体の動きを再現する能力である。

このように、現在でもCHC理論は発展を続けており、広範的能力や限定的能力は精緻化されて拡大している。現代の知能テストはその多くが、上記に説明した広範的能力のいくつかを測定できるように作成されている。ただし、CHC理論における広範的能力のすべてをたった1つの知能テストで測定することは不可能であり、一つひとつの知能テストで評価できる知的能力は限られている。

2．WISC-IV

触法少年の知能プロファイリングを目的として、本研究ではWechsler式知能テストの児童用第4版（WISC-IV）を測定尺度に使用した。第3版のWISC-III に数々の変更が加えられ、言語性IQと動作性IQを排し、群指数の注意記憶をワーキングメモリ指標に、同じく知覚統合を知覚推理指標へと精緻化させている。すなわち、WISC-IV は旧版よりもCHC理論の知能構造へと近付いているのである（Alfonso et al., 2005）。以下では、日本版WISC-IV の検査構成ならびに計量心理学的特性について説明する。

■ 検査構成

日本版WISC-III が1998年に刊行されてから12年後の2010年、原版のWISC-IV が発刊された2003年から7年遅れで、日本版WISC-IV は完成した（上野、2011）。下位検査は全部で15あり、10の基本検査と5の補助検査に分類される。CHC理論における第3層因子である一般知能gは、基本10検査を実施することで算出可能な全検査IQ（Full-scale IQ：FIQ）で測定する。検査の作成時点において、日本版WISC-IV をCHC理論によって解釈しようとする意図が薄かったことは、日本版WISC-IV 刊行委員会のマ

ニュアルに記述のないことから窺える（Wechsler, 2003a；日本版 WISC-IV 刊行委員会、2010a）。マニュアルには、①言語理解（Verbal Comprehension Index：VCI）、②知覚推理（Perceptual Reasoning Index：PRI）、③ワーキングメモリ（Working Memory Index：WMI）、④処理速度（Processing Speed Index：PSI）という 4 つの指標得点が、解釈の基礎となる因子として説明されている。Table 3-1 に上野（2011）のまとめを中心に 4 つの指標得点を説明する。

　WISC-IV は刊行された当初、マニュアルに基づく独自の解釈法のみが発表されていた。しかしながら、発行後しばらく経ってから、日本版 WISC-IV 刊行委員会も CHC 理論による解釈を公認した。繁桝・Lee（2013）は、日本版 WISC-IV の標準化データを再分析した。4 つの指標得点と 15 の下位検査の関係をマニュアル通りに再現した WISC モデルと CHC 理論による 5 つの因子と 15 の下位検査の関係を表現した CHC モデルに対して、標

Table 3-1　WISC-IV の指標得点

指標得点	下位検査	測定内容
言語理解 （VCI） 【Gc】	類似 単語 理解 知識 語の推理	• 結晶性能力の一部である言語概念形成 • 流動性能力である言語による推理力・思考力 • 結晶性能力の一部である言語による習得知識
知覚推理 （PRI） 【Gf】【Gv】	積木模様 絵の概念 行列推理 絵の完成	• 流動性能力である非言語による推理力・思考力 • 空間認知 • 視覚-運動協応
ワーキングメモリ （WMI） 【Gsm】	数唱 語音整列 算数	• 作業中の一時的記憶保持である聴覚的ワーキングメモリ • 注意、集中
処理速度 （PSI） 【Gs】	符号 記号探し 絵の抹消	• 処理速度やプランニングと関連する視覚刺激を速く正確に処理する力 • 注意、動機付け • 視覚的短期記憶 • 筆記技能、視覚-運動協応

※上野（2011）を元に著者が改変

準化データの適合度を検証的因子分析によって確認した。その結果、大差はなかったものの、わずかながら CHC モデルの適合度が優れていた。とりわけ、発達的に分析すると、低学年では WISC モデルだが、中学年以降は CHC モデルの方が適合していることがわかった。なお、WISC モデルと

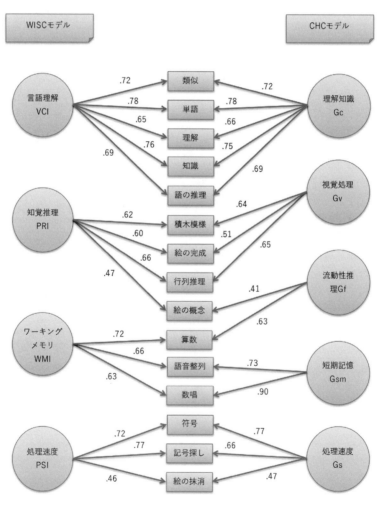

Figure 3-1　WISC モデルと CHC モデルの比較
繁桝・Lee（2013）を著者が改変

CHC モデルの最大の相違点は知覚推理（PRI）の構成にある（Figure 3-1）。

　WISC モデルでは、PRI から積木模様、絵の概念、行列推理、絵の完成への因子負荷量が推定された。一方、CHC モデルでは PRI を Gv と Gf に分解したうえで、前者から積木模様、行列推理、絵の完成へ、後者から絵の概念と算数への因子負荷量が推定されている。これに伴い、Gsm からは算数を除外した数唱と語音整列のみにパスが引かれている。すなわち、PRI に統合されていた視覚処理 Gv と流動性推理 Gf を別々に測定するのがCHC モデルとなる。ちなみに、繁桝・Lee（2013）では、CHC 理論の広範的能力に対応する第 2 層因子としては、先述した Gf、Gv、Gsm に加えて、VCI を Gc、PSI を Gs とした 5 因子モデルとなっている。なお、第 3 層因子を 2 つ仮定するモデルも検討されたが、適合度を評価した結果、否定されており、WISC-IV はやはり背景に一般知能 g を据えた因子構造であると結論されている。

■ 計量心理学的特性

　Psychometrics の訳語である「計量心理学」は心理学徒であっても耳馴染みの薄い言葉である。専攻者の少ないこの風変わりな分野の課題を足立（2001）は、心理現象の記述・説明よりも、そのための計量的方法の提供と定義し、心理統計学と言い換えることもできると述べている。心に関する現象をどうすれば「正しく」数量化できるのか、換言すれば、正確な測定方法の開発を射程に置く、心理テストと非常に関連の深い学問分野である。計量心理学的特性のなかでも、テスト得点の安定性を意味する信頼性とテスト得点に基づく推論の正しさを保証する妥当性は最も重要な品質要素である。以下では、日本版 WISC-IV 刊行委員会のマニュアルに基づいて（Wechsler, 2003a；日本版 WISC-IV 刊行委員会、2010a）、WISC-IV の信頼性と妥当性を確認する。

　信頼性━━同じテストを複数回実施したとき、全く同じテスト得点が毎回得られれば、そのテストの信頼性は極めて高い。つまり、信頼性とは、

テスト得点の正確性、一貫性、安定性であり、裏を返せば、測定誤差の小ささを意味する。信頼性は、いくつかの観点に基づく信頼性係数で評価される。標準化調査において、日本版 WISC-IV には、①内的整合性、②測定誤差、③安定性、④評定者間一致率、以上 4 点に関する報告がある。

　各項目が同一の概念を測定している程度を表す内的整合性は、Spearman-Brown の修正公式を用いた折半法により分析されている。ただし、符号、記号探し、絵の抹消は、Gs に関わる下位検査であり、速度を指標の 1 つとしているため折半法による分析は実施されていない。5－16 歳の年齢群を平均すると、FIQ で 0.95、4 つの指標得点では、VCI（0.90）、PRI（0.89）、WMI（0.91）、PSI（0.86）、下位検査も 0.72－0.88 と報告されている。なお、PSI は折半法ではなく、再検査法による信頼性の推定値であり、一般的に折半法＞再検査法となることから信頼性が少し低くなったと解釈されている。信頼性係数がいくつ以上であれば「信頼に足る」というような絶対的判断基準はない。しかしながら、多くの心理尺度が 0.80 で「十分」や「高い」と解釈されている心理学界の慣例に鑑みれば、0.90 前後の信頼性は決して低くない。ただし、障害の診断にも使用されるという意味で、個人の進退を決定する知能テストであれば、この程度の信頼性は許容できる最低水準でもある（Hogan, 2007；繁桝・椎名・石垣、2010）。

　観測された個人のテスト得点における揺らぎを表す測定誤差は、小さければ小さいほど信頼性が高いと評価する。なお、測定誤差（SEM）の算出は次式で表す。

$$SEM = SD\sqrt{1 - r}$$

　ただし、SEM（Standard Error of Measurement）は測定誤差、SD（Standard Deviation）は標準偏差、r（Reliability coefficient）は信頼性係数である。内的整合性と同様に、年齢群を平均すると、SD が 15 の FIQ では 3.88、同じく 4 つの指標得点では、VCI（4.84）、PRI（4.98）、WMI（4.55）、PSI（5.59）

であった。SD が 3 の下位検査では 1.57－1.06 の範囲であった。すなわち、相対的に誤差の小さい指標得点に関してですら、およそ SD の 3 分の 1 程度は誤差として見込んでおく必要があるのである。

　同じテストを 2 度実施したとき、テスト得点がどの程度ずれるのか、裏を返すと、どの程度一貫した結果が得られるのかを評価する再検査信頼性は、標準化調査において、各年齢群から抽出された合計 88 名のデータによって分析されている。初回と 2 回目のテスト間隔は 13－86 日（$M=22$）であった。安定性の指標である再検査信頼性は、分散に関する補正後、FIQ で 0.93、4 つの指標得点では、VCI（0.91）、PRI（0.78）、WMI（0.82）、PSI（0.84）であり、下位検査は 0.63－0.90 の範囲であった。なお、平均して約 3 週間で再度 WISC-IV を受検することにより、FIQ で 8.7、VCI で 4.4、PRI で 8.7、WMI で 3.3、PSI で 10.0 の練習効果による得点上昇が見られた。指標得点に関する再検査信頼性は、極めて高いわけではないものの、決して低くはなく、時間が経過しても一定程度はテスト得点が安定していることを保証していた。

　WISC-IV の採点はほとんどが客観的基準によるため、検査者による相違はあまり考慮しなくてかまわない。ただし、VCI を構成する類似、単語、理解、知識、語の推理に関しては、採点に主観的要素が混入することを避けられない。それゆえ、評定者間一致率が計算されている。標準化調査における 60 名分のデータを 4 人の評価者で独立に採点し、その一致率を算出している。級内相関を用いて分析したところ、類似 0.97、単語 0.95、理解 0.95、知識 0.99、語の推理 0.99 と極めて高い評定者間一致率が得られた。すなわち、主観的要素の入り込む言語性課題の採点ですら、かなりの客観性が備わっているのである。

　日本版 WISC-IV が極めて正確で一貫しており安定した史上最高の知能テストであるとまでは言い切れない。しかし、標準化調査で報告された信頼性係数に関する計量心理学的な分析結果から、世界的に標準化されている知能テストのなかで決して見劣りすることのない信頼性を備えているこ

とは保証できる。

妥当性——かつて妥当性は、①内容的妥当性、②基準関連妥当性、③構成概念妥当性の3つに分類されていた。測定しようとする内容を適切に代表していることが内容的妥当性であり、多くは「専門家」による主観的判断に依拠していた。他のテスト得点や特定の外部基準との間に相関が認められることで評価される基準関連妥当性は比較的客観的な指標であった。測定しようとする構成概念を実際に測定できている程度を表す構成概念妥当性は、理論的な観点から因子分析などを用いて判断されることも多かった。しかしながら、発展を遂げた現代の計量心理学における妥当性は、テスト得点が本来の意図通りに解釈できる程度を表す総合的な1つの概念となっている。

　日本版 WISC-IV の標準化調査では、内部相関が分析されている。似ている構成概念同士を測定する下位検査の間には、他の下位検査間よりも高い相関があるものと予想できる。したがって、予想に基づく相関関係が確認された場合、妥当性を示す根拠の1つとなる。それゆえ、各下位検査と指標得点ならびに FIQ との間にある内部相関が検証されたのである。標準化調査における内部相関行列を Table 3-2 に示した。

　Table 3-2 最下行に示されたように、FIQ に対して、絵の抹消が 0.31 と低いのを除外すれば、各下位検査には 0.50−0.70 の相関があった。VCI に対する、類似（0.81）、単語（0.86）、理解（0.82）、知識（0.64）、語の推理（0.60）、PRI に対する、積木模様（0.74）、絵の概念（0.69）、行列推理（0.79）、絵の完成（0.49）、WMI に対する、数唱（0.86）、語音整列（0.88）、算数（0.51）、PSI に対する、符号（0.88）、記号探し（0.88）、絵の抹消（0.40）と、4つの指標得点に対する当該下位検査の相関は、補助検査を除外して、基本検査だけに限れば 0.69−0.88 であった。

　因子構造の確認は、それだけで構成概念妥当性を検証できるものではない。しかしながら、理論通りの因子構造が得られないことは構成概念妥当性の反証となる。標準化調査では、探索的因子分析と検証的因子分析によっ

Table 3-2　日本版 WISC-Ⅳ の内部相関

	1)	2)	3)	4)	5)	6)	7)	8)	9)	10)	11)	12)	13)	14)	15)	16)	17)	18)	19)	20)
1) 積木模様																				
2) 類似	.34																			
3) 数唱	.33	.33																		
4) 絵の概念	.22	.27	.25																	
5) 符号	.23	.22	.23	.15																
6) 単語	.32	.56	.36	.29	.19															
7) 語音整列	.30	.36	.53	.25	.20	.40														
8) 行列推理	.42	.35	.35	.33	.21	.36	.36													
9) 理解	.22	.46	.27	.30	.20	.58	.31	.28												
10) 記号探し	.30	.25	.28	.20	.56	.23	.27	.25	.21											
11) 絵の完成	.38	.33	.23	.30	.22	.35	.27	.41	.31	.27										
12) 絵の抹消	.19	.16	.13	.17	.37	.20	.10	.13	.15	.33	.18									
13) 知識	.38	.55	.41	.28	.22	.59	.43	.35	.46	.27	.33	.16								
14) 算数	.40	.47	.43	.26	.26	.46	.46	.41	.36	.31	.32	.17	.53							
15) 語の推理	.32	.50	.32	.26	.19	.54	.36	.32	.47	.28	.35	.17	.53	.43						
16) 言語理解	.35	.81	.39	.35	.25	.86	.43	.40	.82	.28	.39	.20	.64	.52	.60					
17) 知覚推理	.74	.43	.42	.69	.26	.44	.41	.79	.36	.34	.49	.22	.46	.48	.41	.49				
18) ワーキングメモリ	.36	.40	.86	.29	.25	.43	.88	.41	.33	.32	.29	.13	.48	.51	.39	.47	.48			
19) 処理速度	.30	.26	.29	.20	.88	.24	.27	.26	.23	.88	.27	.40	.27	.32	.26	.30	.34	.32		
20) 全検査 IQ	.60	.67	.63	.53	.52	.70	.65	.64	.62	.59	.50	.31	.64	.62	.58	.80	.74		.63	

※ Wechsler（2003a 日本版 WISC-Ⅳ 刊行委員会 2010a）を改変

て日本版 WISC-IV の因子構造が確かめられている。年齢群を分けたうえで、基本検査のみの場合と補助検査も含めた場合の分析が各々実施されている。基本検査のみの分析では、絵の概念が PRI だけでなく VCI にも二次的負荷を示した以外は予測通りの結果となった。補助検査も含めた分析では、算数や知識が理論と異なる因子に対して二次的負荷を示すなど、少しばかり複雑な様相を呈していた。

　なお、標準化調査のデータを再分析した小野島（2020）は、4 つの指標得点の背景に一般知能 g を想定する高次因子モデルよりも、各下位検査に対して、4 つの指標得点と一般知能 g が同時に影響を及ぼしている双因子モデルでの適合度が優れていたと報告している。高次因子モデルは、各下位検査の変動を背後にある 4 つの因子により説明し、その 4 つの因子の変動をさらに背景にある一般知能 g によって説明するモデルである。少々無理をして下位検査を限定的能力と仮定すれば、CHC 理論の 3 層構造に対応するモデルとなる。一方、双因子モデルは、広範的能力を意味する 4 つの因子と同じく、一般知能 g も直接的に下位検査の変動に影響を与えると捉えている。そのため、このモデルにおける広範的能力は第 3 層の一般知能 g から影響を受けない独自成分として解釈できる。すなわち、全般的な賢さとは別の能力として、Gc、Gv、Gf、Gsm、Gs などを想定できるため、臨床的に有益な知見となる可能性を秘めたモデルといえる。

　検証的因子分析では、基本検査だけを用いた場合のモデル、補助検査も含めた場合のモデルを年齢群ごとに分析している。基本検査だけを用いた検証的因子分析では、理論通りの 4 因子（4 つの指標得点）モデルだけが許容可能な適合度を満たしていた（AGFI＝0.98、RMSEA＝0.039）。一方、補助検査を含めたモデルでは、4 因子モデルに加えて、算数だけを単離する 5 因子モデルも十分な適合度を満たしていた。因子分析的研究は、補助検査を含めると WISC-IV の因子構造が若干理論から逸脱しがちであることを示している。

　標準化調査において、日本版 WISC-IV は、他の知能テストとの間でい

くつかの基準関連的証拠を示している。91 名に実施した旧版の WISC-III との相関係数は、FIQ 同士で 0.86、4 つの指標得点では、VCI 同士（0.88）、PRI と知覚統合 POI（0.62）、WMI と注意記憶 FDI（0.70）、PSI 同士（0.81）であった。16 歳に限って、どちらの知能テストでも測定可能な WAIS-III との相関を調べると（$N=27$）、FIQ で 0.90、4 つの指標得点では、VCI 同士（0.84）、PRI と POI（0.61）、WMI と作動記憶（0.77）、PSI 同士（0.71）であった。DN-CAS を実施した 101 名における指標得点との関連性を見ると、プランニングが PSI と 0.66、同時処理が PRI と 0.64、注意が PSI と 0.70、継次処理と WMI が 0.67 という相関が確認された。83 名に K-ABC を実施した分析結果では、継次処理と WMI に 0.66、同時処理と PRI とに 0.67、認知処理と PRI とに 0.62、習得度と VCI とに 0.71 の相関が得られている。こうした研究から、他の知能テストが何らかの意味で「知能を測定している」という前提に立てば、日本版 WISC-IV もやはり知能を測定しているといえる。その範囲では、テスト得点に関して一定の妥当性を備えているとも判断できる。加えて、指標得点と他の知能テストにおける総合尺度との相関関係も概ね CHC 理論から逸脱しておらず、その意味でも構成概念妥当性の高さが示されたものと解釈可能である。ただし本研究では、あくまでも日本版 WISC-IV で示されたマニュアル通りの 4 因子モデルを採用した。

　なお、各種臨床群の知能プロフィールを分析した研究が、原版では実施されているものの、日本版の標準化にはないため、その妥当性に関する知見は未知数である。一方、2010 年の発行以降、本邦でもいくつかの臨床知見が集積されつつある。たとえば、自閉スペクトラム症の診断を受けた子ども 59 名を AD/HD 傾向の有無によって分類した飯利・岡田（2014）は、Figure 3-2 のように知能プロフィールを報告している。

　データ数は少ないものの知的ギフテッドのある子ども 10 名を分析した日高（2018）では、Figure 3-3 のように WISC-IV プロフィールが報告されている。

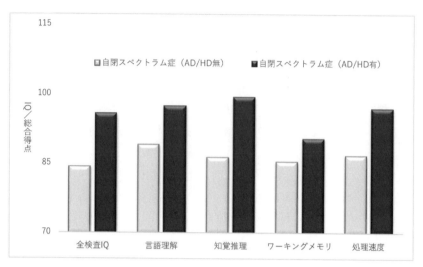

Figure 3-2　AD/HD 傾向の有無による自閉スペクトラム症の知能プロフィール
飯利・岡田（2014）から著者作成

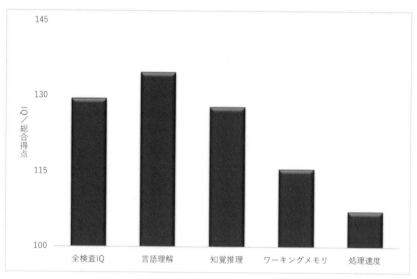

Figure 3-3　知的ギフテッドの知能プロフィール
日高（2018）から著者作成

　知能プロフィールを分析した研究ではないが、境界知能の子ども 295
名と標準化調査のシミュレーションによる乱数群との比較を通して緒方
（2017）は、WISC-IV の 4 因子モデルにおける因子不変性を確認し、FIQ
が低くても因子構造は安定していることを示した。

　WISC-IV の原版で調査されたさまざまな臨床群もサンプルサイズは 16
－89 名程度であることから（Wechsler, 2003 a；日本版 WISC-IV 刊行委員
会、2010 a）、本邦におけるいくつかの知見も決して見劣りするものではな
い。体系的に各種の臨床群を調査できていない点に課題は残るものの、日
本版 WISC-IV がさまざまな臨床群に対する妥当性を備えていないという
否定的な証拠もない。それゆえ本研究でも、触法少年という 1 つの臨床群
に対して、WISC-IV を使用し、その知能プロフィールを分析することに
した。

Cognitive profiling of Juveniles under
14 years of age alleged to have violated
any Criminal Law or Ordinance

IV章
実務データと分析の方法論

愛とは自分のもっていないものを与えることである。

Jacques-Marie-Émile Lacan

1. 臨床現場の実務データ

　2015 年に公布された公認心理師法では、心理学に関する日本初の国家資格である公認心理師を、保健医療、福祉、教育その他の領域で活躍する臨床家と定義している。大学院で必要な科目の名称に、①保健医療、②福祉、③教育、④司法・犯罪、⑤産業・労働といった 5 つの分野が規定されており、大学で必要な科目の名称には、❶健康・医療心理学、❷福祉心理学、❸教育・学校心理学、❹司法・犯罪心理学、❺産業・組織心理学がそれぞれ対応している。すなわち、5 つの臨床領域で 5 つの実践心理学の知識と技術を活かして、心理に関する支援を要する者のために働く心理専門職が想定されているのである。

　臨床現場では、相談に訪れたクライエントに対して、(a) 心理状態を観察し、その結果を分析する心理的アセスメント、(b) その心理に関する相談に応じ、助言、指導その他の援助を行う心理的支援、はたまた、(c) その関係者に対し、その相談に応じ、助言、指導その他の援助を行うコンサ

ルテーションなどが日々実践されている。つまり、臨床研究を計画したならば、クライエントに関するデータは実務上、毎日のように蓄積され続けているのである。

■ 犯罪心理学の臨床現場

　臨床現場の事情は概ね司法・犯罪分野にも当てはまる。本邦の犯罪心理学実践は、（A）法務省、（B）警察、（C）司法、（D）福祉といった領域で行われている（緒方、2015）。法務省では、心理技官が、少年鑑別所での心理的アセスメントを中心とした鑑別業務、刑事施設での認知行動療法を中心とした心理的支援を実践している。警察では、少年サポートセンターの少年補導職員による非行少年への心理実践、被害者支援室でのカウンセラーによる犯罪被害者への心理支援、科学捜査研究所のポリグラフ検査官やプロファイラーによる捜査支援が行われている。なお、臨床実践を本務とはしていないものの、法務省には法務総合研究所、警察庁には科学警察研究所があり、少年非行や成人犯罪に関するデータを扱った研究知見が報告されている。司法では主に家庭裁判所において、家庭裁判所調査官が少年事件に対する非行少年の調査や家事事件に対する家庭内紛争の調査に従事している。福祉領域では、児童相談所の児童心理司による非行少年への心理的アセスメントや虐待被害児への心理的支援などが実践されている。すなわち、犯罪心理学の現場では、犯罪者、非行少年、被害者などの臨床データは比較的容易に入手でき、かつ、半ば自動的に日々蓄積されていくのである。

　裏を返すと、犯罪心理学の研究遂行は、司法・犯罪分野に所属する実務家でないとなかなかに難しいのが我が国の現状である（桐生、2012；河野・岡本、2013）。個人情報の観点からも、犯罪や非行に関するデータは極めてセンシティヴであり、いかに科学研究の為とはいえども、大学などの研究者がおいそれと入手できるものではない。司法・犯罪分野の個人情報を扱う現場の多くは公的機関であり、そこに勤務するのはほとんどが公務員で

ある。したがって、心理専門職とはいえ、個人的な関心に基づいて研究に着手すること自体が困難である。かといって、大学などの学者と共同研究を行うことも以前に比較して難しくなってきている。詰まるところ、本邦における犯罪心理学の研究を進展させるためには、自らが臨床実践に携わりながら研究知見も産出可能な科学者実践家モデルの心理専門職が求められているのである。科学者実践家モデルは、Scientist-Practitionerという表記で知られており、臨床心理学において、科学的知見に基づいた臨床実践を行うだけでなく、臨床実践から得られた経験を科学的知見として学界に還元する心理学者を意味している。松見（2016）は、この概念を臨床心理学だけに留めず、応用心理学の実践にまで拡大している。こうした視点に立つならば、犯罪心理学領域においても科学者実践家モデルは同様に成立する。要するに、実学的色彩の濃い本邦の犯罪心理学では、大学の研究者による知見を待つのではなく、司法・犯罪分野の実務家が日々の臨床データを科学的に分析し、それを研究としてまとめ上げ、論文という形で学界に問うていく姿勢が必要となるのである。本章と次章で提案する方法論では、まさにそういった科学者実践家モデルを目指す犯罪心理学の実務家を想定している。

　ここまでで、犯罪心理学の実践的研究において、大学の学者では臨床データにアクセス困難な実態、ならびに実務家が自ら知見を産出していかなければならない必要性を説明した。それでは、実務家の研究着手に際して障壁となる方法論的な問題とは何だろうか。

■ 対照群と統制群

　実務家が犯罪心理学の研究を行ううえで最大の難関は、一般群の構成である。すなわち、心理学研究法において、対照群や統制群と呼ばれる比較群のことである。司法・犯罪分野の臨床現場では、毎日のように、犯罪者や非行少年、あるいは被害者のデータが蓄積されていく。しかしながら、理屈のうえでは、罪を犯していない人が刑事施設に入ってくることはなく、

非行のない少年が観護措置により少年鑑別所で心理的アセスメントを受けることもない。仮にあったとしても、嫌疑が掛けられた時点で一般群とはいえない。その意味で、司法・犯罪分野の実務家にとって、一般人、さらに具体的にいえば、犯罪や非行のない人物のデータを入手することははなはだ難しい。心理学研究法が教えるように、犯罪者や非行少年の特徴を知りたければ、それを犯罪や非行のない一般群と比較しなければならない。しかしながら実務家は、犯罪者や非行少年といった通常の学者がアクセスできない貴重な臨床データを豊富に分析できるものの、比較の対照となるデータを手に入れられないのである。その結果、次善の策として、犯罪心理学者は次のような妥協を強いられがちとなる。たとえば、少年鑑別所の心理技官が性非行少年の特徴を描き出したいと思った場合、比較する一般群が入手できないために、性非行のない暴力非行の少年を対照群にして、その差異を分析するという方法である。この場合、本質的な問題が残る。それは、仮に得られた差異が統計的に有意なものであったとしても、その差が性非行少年の特徴なのか、はたまた暴力少年の特徴なのかを判別できないという問題である。つまり、暴力少年もまた1つの臨床群であり、比喩的に述べるならば、映し出す鏡自体に歪みがあるため、正確な鏡像が得られない結果になるのである。したがって、やはり一般群の構成問題は極めて重要なのである。かつては、共同研究により、大学の学者が一般群を調査し、実務家は非行少年のデータを提供するという形式も実施しやすかった。しかしながら、個人情報への意識が高まった現代では、以前ほど気軽にこの形式を採用できない。

　加えて、仮に一般人のデータを入手できたとしても、それは対照群に過ぎず、厳密な意味での統制群とはならないという問題もある。たとえば、本研究で取り扱うような知能プロファイリングの研究を実施する場合、対照群と統制群とは概念的に似て非なるものとなる。本研究の対象は触法少年である。触法少年の知能プロファイルを分析するためには、触法行為のない一般児童の知能テストに関するデータが必要である。これが対照群で

ある。このとき、近隣の小中学校に依頼して、触法行為のない一般児童を対象に知能テストを受検してもらうという研究計画が考えられる。しかし、この方法では触法少年の知能プロフィールを分析することはできない。なぜなら、一般児童に知能テストを実施した場合、平均的には規準値である100 を中心に IQ が分布するからである。IQ が 100 を中心に分布すると、知能プロフィールも概して 100 を中心とする平均的な範囲で変動する。一方、第Ⅱ章で歴史をたどったように、触法少年の平均的な IQ は低い。IQ が低い場合、知能プロフィールもおしなべて低くなる。もちろん、それでもプロフィールに高低は見られるものの、一般児童の知能プロフィールと比較すると、「どの知能領域においても一般児童よりテスト結果は低く、触法少年の知能プロフィールに特徴は見られなかった」という結論が導かれてしまう。IQ を統制せずに分析したからである。つまり、単に触法行為がないというだけの対照群と比較しても、触法少年の知能プロファイリングは作成できないのである。

　そこで、触法少年と IQ が同程度の一般児童が必要となる。触法行為がなく、かつ、IQ が同程度の児童と比較した場合、知能プロフィール、すなわち、知能領域におけるテスト得点の高低を触法少年の特徴であると、強

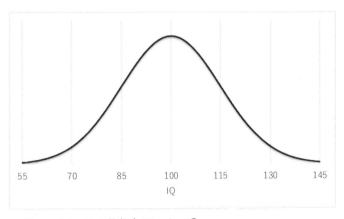

Figure 4-1　IQ の分布（ベル・カーブ）

い確信を持って判断できるようになる。ただし、理論的には確かにそうなのだが、実際はこの点にこそ、そもそもの困難があり犯罪心理学者を悩ませている。IQ の分布は Figure 4-1 に示すように、ベル・カーブと呼ばれる正規分布の確率密度関数で表現される。たとえば、100 を中心として 85 から 115 までを標準ないし平均域と定義すると、出現率は約 68.2％である。非行少年の多くが含まれる境界知能と名づけられる範囲は 71-84 であり、一般人口中には概ね 13.6％しか存在しない。大学の学者が近隣の小中学校に依頼したとしても、この 13.6％の児童だけを収集して統制群を構成するなど、現実的には実現不可能である。しかも、データに関する方法論的な課題はこれだけではない。

■ 公的機関ゆえの調査制限

　司法・犯罪分野の実務家は、日々の臨床実践で犯罪者や非行少年と出会い、クライエントの利益となるべく、心理的アセスメントや心理的支援法を駆使している。そのため、犯罪者や非行少年のデータならば豊富に蓄積されていることをすでに説明した。ただし、こうして集められた犯罪者や非行少年のデータが、「犯罪者」ないしは「非行少年」といった理論的な母集団の特徴を十分に反映した代表性の高いサンプルであるかどうかはわからない。たとえば、本研究で取り扱う触法少年を例にとると、第Ⅰ章で説明したように児童相談所に先議権があるからといって、すべての触法少年が児童相談所で心理的アセスメントを受けるわけではない。警察の少年相談で継続的な指導を受けているケースもあれば、児童相談所から家裁送致されて、観護措置がとられ、少年鑑別所での心理的アセスメントを受検した少年もいる。さらに、児童自立支援施設や少年院における処遇の段階になり、さまざまなアセスメントに対して、初めて協力的に取り組めたという少年がいてもおかしくない。つまり、触法少年という母集団を想定した場合、児童相談所だけでどこまで代表性のあるデータがサンプリングできているのか判然としないのである。

　それだけではない。たとえば、大阪府の児童相談所で触法少年のデータを収集した場合、隣の京都府や兵庫県の児童相談所が取り扱う触法少年と等価だとみなせるだろうか。北海道や沖縄県、はたまた東京都ではどうだろうか。母集団を「日本国における触法少年」とした場合、1つの児童相談所だけで代表性の高いサンプリングとなっている可能性は極めて低い。しかしながら、司法・犯罪分野の実務家が所属しているのは、ほとんどが公的機関である。それゆえ、他の自治体との共同研究など、ことさら不可能に近い。ましてや、同じ児童相談所という省庁の枠を超えて、警察や少年鑑別所、家庭裁判所と共同研究を計画し、互いの臨床データを共有することなど、取りも直さず非現実的である。このように、学術的にはそれが正しいとわかってはいても、実務家が実施可能な研究には、公的機関ゆえの調査制限が生じるのである。

　ただし、そもそも「犯罪者」や「非行少年」といった母集団を厳密に定義可能かという別の問題もある。罪を犯した者という定義では、明るみになっておらず社会的に認識されていない犯罪者はサンプリングできない。捜査機関に認知された者という定義でも同様である。また、過去に1度でも刑罰法令に触れる行為をしたことがある少年と定義して、触法少年の研究に着手した場合でも、すでに成人となった者をサンプリングすることはない。一方、満期で刑事施設を出所後、再犯に至っていない者を相変わらず「犯罪者」としてサンプリングするのかという問題も考えられる。このように時間経過の要素を加味すると定義はますます複雑になる。要するに、理屈のうえで抽象的に思考することは可能であっても、現実的な調査研究を念頭に置いた場合、「犯罪者」や「非行少年」という母集団を厳密に定義することは難しいのである。したがって、悉皆調査を計画できない対象であるとは知りつつも、手元に入手できたデータから、「犯罪者」や「非行少年」についての知見を導き出し、社会の安全や人々の安心を究極的な目標に据えて分析を続けることが犯罪心理学の使命ともいえる。

■ 方法論上の制限とその克服の課題

　ここまでの議論で、犯罪心理学の実践的研究を行うには、①実務家と大学研究者の協力が困難なこと、②実務家には対照群や統制群の構成が難しいこと、③実務家が入手可能な臨床群の代表性にも欠陥があること、以上3つの方法論的な問題があることを説明した。1つ目の困難に打ち勝つには、実務家自身が科学者実践家になるしかない。幸いなことに、我が国の犯罪心理学者には科学者実践家が多く、実務現場を離れたとしても研究が継続されているという緒方（2019）の報告がある。したがって、本邦で犯罪心理学の実践に携わる実務家は、科学者としての素養を備えているものと期待できる。2つ目の問題は、臨床群の特徴を描き出すうえで本質的なものである。比較する相手が妥当でない研究を繰り返しても、犯罪心理学的に有用な知見が生まれるはずがない。とりわけ、対照群から一歩進めた統制群の構成は課題である。3つ目の点が内包している問題は2つある。1つは、すでに説明したように、その研究で対象となっている臨床群としての代表性を備えているのかという問題であり、一般化可能性の程度に関係する。極めて重要な問題ではあるものの、実践心理学においては不可避でもあり、完全なる代表性など存在しえない以上、想定した母集団に対して少しでも無作為なサンプリングとなるように努めるしかない。ところが、すでに説明を試みたように、母集団の定義づけがそもそも困難であるため、臨床群のサンプリングは偏らざるをえない。それゆえ、もう1つの問題が頭をもたげてくる。データの発生元となる理論分布を確信できない問題である。

　先に示した Figure 4-1 は、一般人口中に出現する IQ の分布である。知能テストが作成された歴史のなかで見出されたベル・カーブは、繰り返し確認されている確立された知見である。そのため、多数の一般人を無作為に抽出して IQ を測定すれば、どこの国でいつの時代に調査してもベル・カーブは浮かび上がるはずである。しかし、同じように触法少年の IQ もベル・カーブを描くのかは不明である。言い換えると、一般人と同じベル・

カーブ形状を持つ母集団から、触法少年に関する手元のデータが発生していると言い切れる確信はない。ましてや、触法少年は IQ が平均的に低い。たとえば、一般人口中から境界知能となるサンプルだけを選抜した場合、入手できたデータの IQ もベル・カーブとなるのか疑問である。この場合、従来型の仮説検定を用いることの正当性が保証できなくなる。

　一般児童の IQ はベル・カーブを描くため正規分布を仮定できる。したがって、対照群を構成すれば IQ が正規分布している確信は強い。ただし、触法少年と同程度の IQ になる統制群の場合、正規分布に従っているのかは不明である。同じように考えれば、触法少年の IQ が正規分布している保証はないのである。厳密に考えれば、知能テストの結果は離散型の順序尺度である。ところが、IQ の取りうる変域は広いため、心理学界では慣習的に間隔尺度として分析されてきた。それゆえ、群間における平均値の比較法としては t 検定が使用される。①母集団は正規分布していること、②母集団からランダムサンプリングされていること、③比較する両群の分散は等しいこと、という 3 つが t 検定の前提条件である。すでに述べたように、臨床研究では②を満たすことは非現実的である。ただし、③は Welch の検定を用いれば回避できることが知られており、かつてのように検定してまで等分散性を確かめる必要はない。一方、母集団が正規分布に従っており、そこからデータが抽出されているという前提は、慣習的に Kolmogorov-Smirnov 検定などを通して正規性が棄却されないことを確かめなければならない。しかし、データ数が増加すると、検定は棄却されやすくなり、正規性を確認することは難しくなる。加えて、仮説検定で棄却されなかったことは、「正規分布していないとはいえない」という二重否定に過ぎず、母集団における正規分布を積極的に確かめたことにはならない。検定の結果、仮に正規分布が棄却されたならば、尺度水準を落としてノンパラメトリック検定を実行する方法もあるが、統計的検出力が低くなり、臨床研究における知能プロフィールの分析には向かない。

　以上のことから、従来型の方法論における問題点を克服可能な分析法が

必要となる。

2．計算機統計学の援用

　本書を通して提案する方法論とは、計算機統計学の援用である。統計学の理論とそれを実装するための統計ソフトの開発とを結ぶ役割だけにとどまらず、計算機統計学には、数理統計学の理論的な定理を計算機シミュレーションによって証明するという重要な仕事がある。現実社会での実験ないしは調査が不可能な事象に対して、数理モデルを構成し、理論的に検証することを広い意味でのシミュレーションと呼ぶ。この数値実験には、高性能なコンピュータ（計算機）が必要であり、現代の統計学は計算機の発達を抜きにしては語れない。20 世紀の学問的発展を振り返るなかで高根・大嶋（2002）は、統計学や行動計量学の「進歩」はもっぱら計算機の進歩に支えられてきたと言っても過言ではないと述べている。高倉（2008）も、モンテカルロ法、ブートストラップ法、確率化テストなど、新しい統計解析がコンピュータの発展によって可能になったと指摘している。モンテカルロ・シミュレーション、モンテカルロ法、もしくはシミュレーション研究など、本研究が採用した方法論の呼称はさまざまであるが、要するにシミュレーションを利用した分析法である。モンテカルロ法は「ランダムな試行（普通は乱数を使って行う）を多数回実行して、その結果から得られる観測値の平均値によって真の値を推定する方法」と定義される（伏見、2007）。つまり、ランダムな数値を（理論的には）無限に生成し、無数回の反復計算を繰り返して得られた分布の平均値を、その研究で求めたい母集団の推定値とみなす方法である。

　それゆえ、①標的となる非行群と別の非行群とを比較するような苦肉の策、②どの程度代表性があるかわからない 1 度きりのサンプリングで母集団を推定する過剰解釈、③確証もないのに無理やり理論分布を仮定して検定するという前提条件の無視、こうした方法論的な欠陥を完全には克服で

きないまでも、心理学界では目新しいシミュレーションを用いたアプローチを本章と次章で提案する。なお、コンピュータ操作を伴う具体的な分析プロセスは次章に譲り、本章ではまず理論的な説明を試みた。

■ 乱数による対照群・統制群の生成

　ここからは、本研究で分析する触法少年を例に説明する。他の公的機関と同様、児童相談所も個人情報の管理については、行政機関として慎重な対応が求められる臨床現場である。すでに述べたように、大学との共同研究も以前ほど簡単ではなく、したがって、対照群・統制群の構成はやはり難題となる。逆に、臨床データの入手はたやすい。本研究で分析するのは、触法少年に実施された WISC-IV の結果である。すなわち、知能テストの得点が分析指標となる。

　児童相談所の実務に即していえば、非行も虐待も障害もない一般児童に対して知能テストを実施し、そのデータを研究目的で入手することは業務上不可能である。それゆえ、対照群の構成には乱数を用いることにする。一般児童のデータは、日本版 WISC-IV の標準化調査における 1,293 名の知能テスト結果が報告されている（Wechsler, 2003 a；日本版 WISC-IV 刊行委員会、2010a）。このマニュアルに記された規準値を基に乱数を発生させれば、一般児童のテスト結果を模した無数のデータが生成可能である。ただし、乱数生成には注意すべき点がある。各々の測定値をそれぞれ単独で生成してはならない。たとえば、言語理解（VCI）という指標は $M = 100$、$SD = 15$ に規準化されており、VCI を無数に生成するだけなら特に難しくはない。たとえば、Excel の NORMINV 関数と RAND 関数を組み合わせる程度の操作で簡単に発生させられる。しかしながら、このようにして乱数を生成すると、VCI と知覚推理（PRI）の得点が独立となってしまう。つまり、VCI と PRI に本来は存在するはずの相関関係が再現されず、理論から乖離したシミュレーションとなるのである。こうした失敗をおかさず、WISC-IV の規準値を模したシミュレーションとするためには、多変量正

規分布からの乱数生成が必要となる。多変量正規分布では、1つの指標得点（ないし下位検査）と、もう1つの指標得点（ないし下位検査）における相関関係を指定することができる。これを拡張すれば、すべての指標得点（ないし下位検査）間の相関関係を再現し、すべての下位検査、4つの指標得点、ひいては全検査 IQ（FIQ）に至るまで、あらゆる測定値をその関連性に配慮して無数に生成することができる。具体的な手法は次章で説明するが、こうして得られるデータセットは、それが 10,000、50,000、100,000、500,000 と多くなればなるほど、小数点以下の数値までが見事に再現され、極めて誤差の小さい近似データとなる。したがって、この段階で一般児童の知能テスト結果を模した精度の高い対照群のデータが（理論的には）無数に得られることになる。

　続いて、生成された対照群（たとえば）500,000 件のデータセットと手元にある触法少年の知能テスト結果とを比較分析すれば、それでよいのであろうか。答えは否である。500,000 件もの対照群とたかだか数十から数百程度の触法群を比較しても、仮説検定はすべて有意となってしまう。さらに、規準値を模した対照群は必ず $M=100$、$SD=15$ となるため、触法少年の知能プロフィールは全般的に低いという結論しか得られない。したがって、一般児童を模した対照群のデータセットから、さらに統制群のデータセットを絞り込んで構成する必要がある。抽出された統制群のデータセットから、次は手元にある触法群と同数の統制群を確定する。そして比較分析するのである。ただし、比較分析は1回だけ実行すればよいわけではない。なぜなら、確定した統制群は、あくまでも統制群のデータセットからの1つのランダムサンプリングに過ぎないからである。モンテカルロ法の定義にもあるように、シミュレーション研究の長所は、比較分析を何度も繰り返し実行して得られた分布の平均値によって結論を導くところにある。それゆえ、統制群と触法群との比較も1度きりの結果に終始するのではなく、（後述する）リサンプリングという技術により反復して分析を実行した。対照群のデータセットを生成するまでの方法論を Figure 4-2 にイメージとし

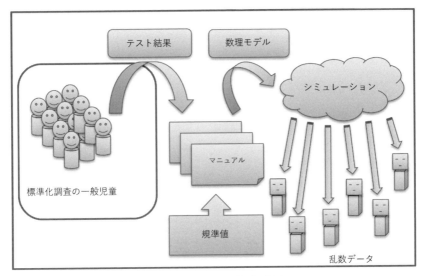

Figure 4-2　対照群構成のための乱数データ生成の概念図

て示した。

■ リサンプリングによる臨床群の普遍化

　一般児童を模した対照群のデータは理論上無数に生成することができる。しかし、臨床群のデータは常に数が限られている。触法少年のデータにしてみても、1人の犯罪心理学者が入手できるのはせいぜい数十から数百程度が限界である。それでは、この手元にあるデータが母集団を代表しているだろうか。犯罪心理学を含めた実践心理学において、そのような仮定は現実的ではない。母集団の代表性に疑問が残るだけでなく、通常の研究では1度きりのサンプリングによって得られたデータから母集団を推測することになる。この推測を支えている理屈は次のとおりである。目の前に出現した1つのデータセットは、無限に拡がる母集団からの無作為抽出によって得られたものであり、この無作為抽出を無限に繰り返すことで測定値に基づいた理論分布の推測が可能となる、というものである。すなわち、

統計的推測では「無限母集団が想定」されているのである（竹内、2003）。当然、理想的ではあるものの、机上の空論であり、何度も繰り返しデータセットを得ることなど、種々の制約のなかでは不可能である。したがって、入手可能なデータから少しでも普遍化できる推論を行うことが臨床研究では重要となる。

　たとえば、児童心理司による実務研究を想定すると、警察や法務省と違い、地方自治体ごとに設置されている児童相談所には中央集約的なデータ管理システムがない。厚生労働省を、行政上の上級官庁と考えられなくもないが、児童心理司は厚生労働省に採用されているわけではない。したがって、1人の児童心理司が入手可能な触法少年のデータには当然偏りが含まれる。ところが、科学研究では可能な限りサンプリングによる偏りを抑制し、少しでも一般化の可能な知見が求められる。対照群や統制群をシミュレーションによって構成し、手元にある触法少年のデータと繰り返し比較することも、その意味では知見の偏りを減らす1つの方法である。しかしながら、入手できた触法少年のデータを固定して反復比較するよりも、触法少年のデータ自体を少しでも一般化させる方法、つまり、サンプリングの偏りを少しでも減らす術はないだろうか、という課題に取り組もうとしたのが本書の端緒であった。

　このために有益な手法がブートストラップ法である。ブートストラップ法はリサンプリングという技術に含まれる。得られたデータセットから必要なデータを何度も復元抽出することで、無理やりに理論分布（多くは正規分布など）を想定せずとも、シミュレーションによって測定値の分布が推定可能となる。ブートストラップ法と似た手法に確率化テストがある（橘、1997）。確率化テストは、観測された個々のデータを復元するのではなく、対照群と一緒に集め直し、混合されたデータセットにおける組み合わせの総数から、観察された群間差が得られる確率を直接求める方法である。無作為配置に対する頑健な方法論であり、心理学における研究例も報告されている（深堀、2010）。ただし、確率化テストとは異なり、ブー

トストラップ法は手元のデータセットをあたかも母集団とみなして「復元抽出」するところに肝がある。つまり、得られたデータを再利用するのである。

　しかしながら、ブートストラップ法は、決して手元にあるデータセットの母集団代表性を高めるわけではない。むしろ、対照群や統制群との比較を通した1回限りの分析結果に対し、理論分布を無理やり当てはめて結論を導くのではなく、得られたデータを最大限に活かして研究対象の特徴を推定するという理念に即した方法である。近年、心理学界隈で最も有名な統計ソフトであるSPSSにも搭載されており、ブートストラップ法は比較的使用しやすくなっている（石村・石村、2013）。本邦の心理学研究でも、抑うつを測定するBeck Depression Inventory Ⅱを大学生と患者に実施した川本・小杉（2012）において、ブートストラップ法が使用されており、その有効性が確かめられている。ブートストラップ法の特徴は、複雑な理論や数式に基づく解析を、コンピュータによる大量の反復計算で置き換え、得られたリサンプリング・データ（ブートストラップ標本とも呼ばれる）を活用して推定量の変動などに関する情報を得ようとするところにある（桜井、2011）。ブートストラップ法を用いた平均値の比較に関する議論では、帰無仮説を表現する分布の構成に困難が指摘されており、両群のデータを混合して分析する工夫も提案されている（汪・田栗、1996）。このようにブートストラップ法自体は、その発展も目覚しく、さまざまな適用領域が開拓されている現状にある（汪・大内・景・田栗、1992）。

　要するに、1回のサンプリングでたまたま手に入れたデータセットを仮の母集団のように捉え、個々のデータをサンプリングごとに観測される可能性のあるデータとみなすことにより、ランダムにデータを反復抽出し、次々に新たなデータセットを構築していくのがブートストラップ法である。概念的にはFigure 4-3のような考え方となる。

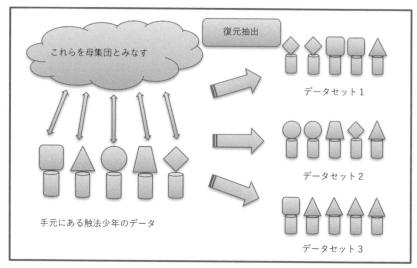

Figure 4-3　ブートストラップ法の概念図

■ 反復比較による確率化

　乱数生成による対照群・統制群のデータセットと実際の調査によって得られた臨床群のデータセットから、ブートストラップ法を用いたリサンプリングを繰り返すことで、本来なら1度しかできない比較分析が何度も反復可能となる。ここにモンテカルロ・シミュレーションの有効性がある。伏見（2007）による定義を言い換えると、モンテカルロ法は、乱数を生成して多数回の実験を行い、そこから問題の解を近似値として得る方法の総称ともいえる（栗原、2011）。通常、①モデルの構築、②乱数の生成、③解の推定や理論特性の評価、といった手順で実施される。すなわち、生成した対照群・統制群のデータセットと得られた臨床群のデータセットを何度もリサンプリングして、比較を繰り返し、その平均値を分析することで真値に近づくのである。このように、モンテカルロ法は決して難しい考え方ではない。コンピュータ技術としても簡単なExcelを利用して初学者でも取り組めるものであり（松田、2005）、心理学領域への適用可能性も高く、

岡田（2012）は統計解析ソフト「R」を利用したモンテカルロ法を紹介している。なお、理論分布が適用できないという否定的な理由だけでなく、モンテカルロ・シミュレーションの利用には肯定的な側面も多く、岡田（2012）では次のように説明されている。

　「数理的な解が求められる場合でもモンテカルロ研究が求められることの背景にはいくつかの理由がある。ひとつは、統計量はその漸近的な、つまり標本サイズが無限大に大きいときの性質は評価できても、有限の標本サイズにおける性質は導出できない場合がしばしばあることである。とくに推定量のばらつきに関する情報（標準誤差など）は、漸近的にしか評価できない場合が多い。心理学におけるデータ分析は通常数十から数百程度の有限な標本サイズにおいて行われるので、このような場合に統計量が期待する性質を持つかどうかはモンテカルロ研究によって確認されなければならない」

　本研究で提案するブートストラップ法に依拠した方法論では、以下の考え方に基づいてシミュレーションを実行した。
　①マニュアルに記載の規準値に基づいて多変量正規分布を指定し、一般児童を模した対照群のデータを（仮に）500,000件生成する。
　②触法群のデータセットから、FIQ に対してのみブートストラップ法によりリサンプリングを繰り返し、得られた分布から FIQ の平均値と上下2.5％を省いた95％区間を計算する。これは、統制群における IQ 範囲を決定するためである。
　❸95％区間の上限と下限を確認したら、乱数で構成された対照群のデータセットにおいて、FIQ が触法少年と同じになる区間のデータだけを抽出する。たとえば、仮に触法群の FIQ が71－84の95％区間を示したならば、対照群500,000件のデータセットから、FIQ が71－84となっているデータだけを選抜する。この手続きにより、対照群から（FIQ をコントロールした

という意味での）統制群を構成する。ところが、次章で実際にシミュレーションを実行すればわかるように、この方法では統制群を適切に構成できない。実は一般児童を模した 500,000 件の対照群から、IQ 範囲を指定してデータセットを一部抜き出す方法では、選抜（切断）効果により測定値の相関係数が規準値通りには再現されないのである。指標得点間の相関関係が規準値通りとならなければ、一般児童を模しているとはいえず、その統制群は触法少年の特徴を映し出す鏡として不適切である。したがって、❸の方法は失敗である。

　そのため、③95％区間を確認したら、その区間に FIQ が収まるように、多変量正規分布を指定し直してから再度乱数を発生させて、統制群のデータセットを初めから生成し直す必要がある。この方法により、生成された統制群のデータセットは、指標得点間の相関関係も再現されており、かつ、FIQ が同水準にコントロールされた厳密な意味での統制群を構成する。

　続いて、④触法群と同数の統制群をデータセットから無作為抽出し、触法群の知能プロフィールと比較する。その比較結果を保存したうえで、触法群と統制群のデータをブートストラップ法で再度復元抽出し、もう 1 度、知能プロフィールを比較する。この結果も保存するという手続きを何回も繰り返すことにより、触法少年と同程度の IQ を持つ一般児童との知能プロフィールに関する比較結果が蓄積されていく。

　⑤一定数の反復計算を終えたあと、差の分布を詳細に分析することで、触法少年の知能プロファイリング知見を得るのである。最終的な分布の分析においては、豊田（2016、2017、2020）で紹介されている数値要約が参考になる。つまり、平均値、中央値、分布の標準偏差、2.5％および 97.5％点などを評価することで、シミュレーションによる差の出現確率を推定することができる。ただしここで得られる確率は、シミュレーションを実行した結果に対する頻度確率に過ぎず、母集団についての研究仮説が正しい確率ではないことに留意が必要である。以上の考え方の概念図を Figure 4-4 に示した。

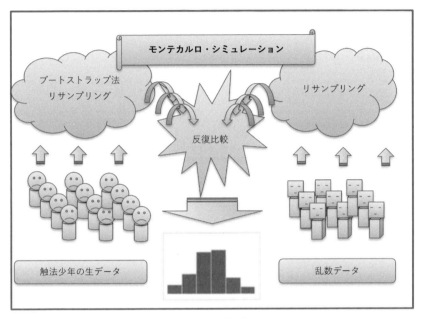

Figure 4-4　モンテカルロ・シミュレーションの概念図

3．研究の目的

　ここまでの議論を踏まえて、本研究の目的を簡潔に述べる。本研究は、犯罪心理学における実践研究の方法論的な問題を解決しようとする試みに端を発している。したがって、触法少年の知能プロファイリングこそが研究目的ではあるものの、方法論におけるシミュレーション研究の有効性を示すことも同時に目的となる。特に、司法・犯罪分野における科学者実践家が、独力で犯罪心理学の研究を遂行できるように、方法論を提案することが本書の狙いである（ただし、「新しく考えた方法論」の提案ではない）。

　なお、ここで本書を通して提案する方法論を命名しておくことにする。ブートストラップ法は、入手できたサンプルを再利用して分布を得ること

を目的とする計算機統計学の手法である。したがって、リサンプリングに含まれるブートストラップ法自体はそれほど新しい方法論でもない。むしろ、本研究の独自性は統制群を構成するその方法にある。マニュアルに記載されている規準値を基にして乱数を発生させて統制群を作成するのである。その意味では、①乱数生成によって統制群を構成すること、②リサンプリングによる反復比較から知能プロフィールの分布を得ること、つまり①＋②が本研究の示す独自な方法である。それゆえ本書では「生成された統制群を用いたシミュレーション・アプローチ（Simulation Approach with Generated Control：SAGC）」という名称をひとまず次章以降で使用することにした。

Cognitive profiling of Juveniles under
14 years of age alleged to have violated
any Criminal Law or Ordinance

章
シミュレーション・アプローチ

> 万物の根源は、数である。
>
> *Pythagoras*

1．触法少年データ

　「生成された統制群を用いたシミュレーション・アプローチ（Simulation Approach with Generated Control：SAGC）」を具体的に説明するために、本章では触法少年のデータを実際に分析した。その際、従来型の仮説検定との比較を念頭に置いた。従来法との異同は本章で確認するため、第Ⅵ章以降で実施する非行罪種ごとの分析においては SAGC による分析結果のみを示した。

　本章では、著者がかつて学術雑誌に発表した以下の論文において使用した触法少年のデータセットを再分析した。行政機関の保有する個人情報の保護に関する法律や大阪府個人情報保護条例に鑑みて、個人を識別できない統計情報を学術貢献の目的で分析しており、法的な問題性はなかったものの、倫理的な観点から、当時の児童相談所長よりデータの利用許可を受けている。

Ogata, K. (2021). On the application of bootstrapping and Monte Carlo simulations to clinical studies: Psychometric intelligence research and juvenile delinquency. *Psychology (Psych)*, **12 (8)**, 1171-1183.

緒方康介 (2016). 犯罪臨床におけるモンテカルロ法を用いた比較研究の可能性 —— 非行少年への知能検査による例証 —— *犯罪学雑誌*, **82 (1)**、20-29.

緒方康介 (2015). 児童相談所で非行少年に実施された WISC-IV の分析 —— P > V プロフィールの検証 —— *犯罪心理学研究*, **52 (2)**、1-10.

Ogata, K. (2014). Lower verbal ability in Japanese delinquents using the Wechsler Intelligence Scale for Children fourth edition: A preliminary investigation. *Asian Journal of Criminology*, **9 (4)**, 323-328.

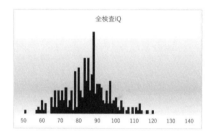

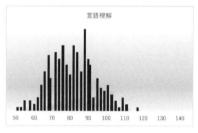

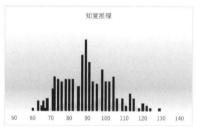

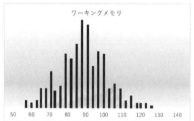

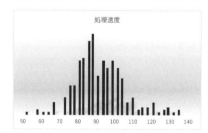

Figure 5-1 触法少年の WISC-IV 結果 (ヒストグラム)
横軸は標準得点

　取り扱った触法少年の WISC-IV データは総計 296 名分であり、本章では児童相談所が受付けた時点での非行罪種は問わずに分析した。女児 70 名、男児 226 名であり、年齢は $M＝13.2$、$SD＝1.5$、$Md＝13.6$ であった。「犯行時」に 14 歳未満であった者が触法少年の定義であるため、児童相談所で WISC-IV を受検したときにはすでに 14 歳を超えている者も多かった。WISC-IV の結果を Figure 5-1 に示す。

2．IQ 範囲の決定

　ここからは Excel を使用してブートストラップ法を実施するための操作例を説明する。通常、Excel のデータは Figure 5-2 のような形式で入力されている。まずは、統制群の IQ 範囲を決定するために、触法少年の全検査 IQ（FIQ）だけをブートストラップ法でリサンプリングする。

　ブートストラップ法を実行するためには、1 列目の「No」が重要となる。調査データが入力されているこの Excel シートをここでは「Delinq」と名付ける。次に別のシート「Boot」を作成する。「Boot」の 1 行目には「Delinq」の 1 行目をコピーする。そして、No の下、2 行目の 1 列目（通常は A2 セル）に「＝RANDBETWEEN（1,296）」と入力する。今回のデータ数は 296 なので、2 つ目の引数を「296」とした。RANDBETWEEN 関数は、引数

No	FIQ	VCI	PRI	WMI	PSI
1	58	51	63	68	86
2	88	93	98	94	76
3	90	90	93	97	88
4	107	101	93	118	115
5	83	78	87	82	99
…	…	…	…	…	…
296	97	95	89	103	107

Figure 5-2　触法少年の Excel データセット例
FIQ…全検査 IQ、VCI…言語理解、PRI…知覚推理、WMI…ワーキングメモリ、PSI…処理速度

1（1）と引数 2（296）の範囲内で整数の乱数を生成する。続いて、FIQ の
下、2 行目の 2 列目（通常は B2 セル）には「=LOOKUP($A2, Delinq!$A$2
:$A$297, Delinq!B$2:B$297)」と入力する。LOOKUP 関数は、引数 1（$A2）
が、引数 2（Delinq!$A$2:$A$297）のどこにあるかを調べ、その行と引数 3
（Delinq!B$2:B$297）の列が交差するセル値を返す。ここで、引数 2 と引数
3 において範囲が 2−297 となっているのは、296 名分の WISC-IV データ
が 2 行目から 297 行目に入力されているからである。この B2 セルを B297
セルまでコピーする。

　続いて、ブートストラップ標本の平均値と標準偏差を算出するために、
B298 セルに再度「FIQ」と入力し、B299 セルに「=AVERAGE(B2:B297)」、
C299 セルに「=STDEV.S(B2:B297)」と関数を入力する。次に、リサンプ
リングして比較を繰り返した結果を蓄積するためのシート「Resamp」を
新たに作成する。この時点で「Delinq」、「Boot」、「Resamp」という 3 つの
シートが 1 つの Excel ブックに格納されていることになる。「Resamp」の

```
Sub Repeat()
  Dim i As Long
  For i = 1 To 50000
  Sheets("Boot").Select
  Rows("299:299").Select
  Selection.Copy
  Sheets("Resamp").Select
  Range("A2").Select
  Selection.PasteSpecial Paste:=xlPasteValues, Operation:=xlNone, SkipBlanks _
    :=False, Transpose:=False
  Rows("2:2").Select
  Application.CutCopyMode = False
  Selection.Insert Shift:=xlDown, CopyOrigin:=xlFormatFromLeftOrAbove
  Next i
End Sub
```

Figure 5-3　ブートストラップ法を動かす Excel マクロのコード
Microsoft Excel 2010 での動作確認済

1行目に「Delinq」や「Boot」と同じ1行目をコピーする。ここで、Excel の「ファイル」⇒「オプション」⇒「数式」にある「計算方法の設定」で「ブックの計算」が「自動」になっていることを確認する。確認ができたならば、Excel のマクロを設定する。マクロが動かなければ反復計算は不可能なので、使用している Excel のマクロを有効化しておく。【Alt】+【F11】により、Microsoft Visual Basic for Application を呼び出し、Module に Figure 5-3 のコードを入力する。

　このコードにおける3行目の「1 To 50000」は反復回数を指定しており、ここでは 50,000 回とした。5行目の「"299:299"」は、4行目で指定した「Boot」シートにおける 299 行目、すなわち、ブートストラップ標本の平均値と標準偏差をコピーし（6行目）、7行目で指定した「Resamp」シートの A2 セル（8行目）からペーストするという命令文である。なお、通常のペーストでは値が保存されないため、9行目に指定したような「値のペースト」を設定している。このペーストしたデータが入力されている2行目を選択し（10行目）、そこに新しく行を1つ挿入する（12行目）。こうすることで、先ほどペーストしたデータは1つ下の行に動かされ、削除されることなく、次のデータが再び2行目にペーストされてくる。なお、6行目でコピーした値は9行目でペーストしているため、11行目は必ずしも必要なコードではない。Excel マクロを run させれば、以上のプロシージャが自動的にブートストラップ標本から計算された 50,000 件の平均値と標準偏差を生成する。使用しているコンピュータの性能にもよるが、50,000 件程度であれば数十分で生成することも可能である。最後に、No を1列目に設定し、1−50,000 のケース ID を割り振れば、触法少年 296 名のデータを 50,000 回リサンプリングして得られた平均値と標準偏差のデータセットが完成する。

　以上の手続きにより、触法少年の FIQ に関する分布が得られたので統制群の IQ 範囲を決定できる。Figure 5-4 に FIQ の平均値に関する分布を示した。

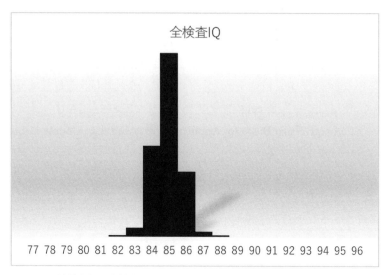

Figure 5-4　触法少年の全検査 IQ に対するブートストラップ標本 50,000 回の平均値分布

　今回のシミュレーションでは、平均値の 95％区間は 83.0−85.8 であり、
M=84.4、*SD*=11.9 であった。なお、比較のために理論分布を仮定する従
来法による 95％信頼区間を算出してみると、小数点以下第 3 位でズレが確
認されたものの、有効桁数を小数第 1 位までとするならば 83.0−85.8 と同
値であった。

3．統制群の構成

　FIQ に関してではあるが、ブートストラップ法による触法少年データの
シミュレーションはすでに説明した。ここからは比較対照となる統制群を
構成する方法を説明する。前章で解説したように、知能プロフィールを分析
する研究では測定値を単変量として扱うことができない。Excel にデフォ
ルトで装備されている関数や分析ツールでは、そもそも多変量正規分布か
らの乱数生成が不可能である。フリーの統計ソフト「R」を使う方法もある

が、汎用性の高さから本書では Excel にこだわって分析する。Excel で多変量正規分布からの乱数を生成するには、NUMERICAL TECHNOLOGIES 社の Excel 乱数生成アドイン NtRand 3.3 を用いる（http://www.ntrand.com/jp/）。アルゴリズムには Mersenne Twister を採用しており、最高水準の乱数生成が可能である。フリーソフトであり、分析ツールと同様に Excel のアドインとして動作する（本書の分析では、Microsoft Excel 2010 for Windows を使用した）。ただし、再度言及しておくが NtRand 3.3 でしか不可能な方法ではなく、要するに多変量正規分布からの乱数生成が可能であれば SAGC は実行可能である。

　具体的な操作方法は次の通りである。NtRand 3.3 をアドインできたならば、NTRANDMULTINORM 関数によって乱数を発生させる。このとき、各変数の平均値と変数間の共分散を指定する必要がある。WISC-IV のマニュアルには、標準化調査における規準値が記載されている（Wechsler, 2003a；日本版 WISC-IV 刊行委員会、2010a）。知能プロフィールの分析では、4 つの指標得点を標的とするが、WISC-IV において 4 つの指標得点は、そもそも 10 の基本下位検査から計算される。そこで、直接的に指標得点の乱数を生成するのではなく、下位検査の乱数を生成し、その評価点合計からマニュアルに従って 4 つの標準得点を算出することを考える。

　①積木模様、②類似、③数唱、④絵の概念、⑤符号、⑥単語、⑦語音整列、⑧行列推理、⑨理解、⑩記号探し、以上 10 の下位検査はすべて平均 10、標準偏差 3 となるように規準化されている。したがって、NtRand 3.3 に必要な平均値はいずれも「10」である。次に共分散を指定する。ただし、WISC-IV のマニュアルには下位検査間の相関係数こそ掲載されているが、共分散の数値は報告されていない。それゆえ、相関係数を算出する次式を展開して計算した共分散を使用する。

$$r = \frac{cov(x_1, x_2)}{\sigma_1 \sigma_2}$$

式を展開すると、

$$cov(x_1, x_2) = r \times \sigma_1 \times \sigma_2$$

ただし、r は相関係数、$cov(\ )$ は共分散、x_1 は 1 つ目の下位検査、x_2 は 2 つ目の下位検査、σ_1 は x_1 の標準偏差、σ_2 は x_2 の標準偏差である。

　たとえば、積木模様と類似の相関係数は全年齢平均で 0.34 と報告されている。すべての下位検査の標準偏差は 3 であることから、積木模様と類似の共分散は 0.34×3×3＝3.06 と計算できる。すべての下位検査対をこの方法で計算し、分散・共分散行列を再現する。なお、Table 5-1 が WISC-IV マニュアルより計算された分散・共分散行列である。

　Excel のシートに Table 5-1 の形式で分散・共分散行列を入力し、たとえば、1 行空けた下の行に平均値である 10 を下位検査の数だけ並べる。次に、さらに 1 行空けた下の行から乱数を生成する。たとえば、500,000 件のデータを生成する場合、あらかじめ 500,000 行×10 列（下位検査数が 10 であ

Table 5-1　基本下位検査の分散・共分散行列

	積木	類似	数唱	概念	符号	単語	語音	行列	理解	記号
積木	9.00	3.06	2.97	1.98	2.07	2.88	2.70	3.78	1.98	2.70
類似	3.06	9.00	2.97	2.43	1.98	5.04	3.24	3.15	4.14	2.25
数唱	2.97	2.97	9.00	2.25	2.07	3.24	4.77	3.15	2.43	2.52
概念	1.98	2.43	2.25	9.00	1.35	2.61	2.25	2.97	2.70	1.80
符号	2.07	1.98	2.07	1.35	9.00	1.71	1.80	1.89	1.80	5.04
単語	2.88	5.04	3.24	2.61	1.71	9.00	3.60	3.24	5.22	2.07
語音	2.70	3.24	4.77	2.25	1.80	3.60	9.00	3.24	2.79	2.43
行列	3.78	3.15	3.15	2.97	1.89	3.24	3.24	9.00	2.52	2.25
理解	1.98	4.14	2.43	2.70	1.80	5.22	2.79	2.52	9.00	1.89
記号	2.70	2.25	2.52	1.80	5.04	2.07	2.43	2.25	1.89	9.00

※ 積木…積木模様、概念…絵の概念、語音…語音整列、行列…行列推理、記号…記号探し、Wechsler
　（2003a 日本版 WISC-IV 刊行委員会 2010a）より著者作成

るため）を選択しておき、【Tab】を使って選択範囲の左上セルをアクティ
ヴにする。【F2】を使ってセル内に「=NtRandMultiNorm（500000, B2:K11,
B13:K13）」と入力し、【Ctrl】＋【Shift】を押しながら【Enter】で実行する
と、多変量正規分布から瞬時に 500,000 件の乱数データが得られる。なお、
NtRandMultiNorm 関数は、引数 1 で生成したい乱数のデータ数、引数 2 に
分散・共分散行列が入力されているセル範囲、引数 3 に平均値が入力され
ているセル範囲を指定している。この関数は、配列数式で複数の計算を一
度に実行するため、通常の【Enter】ではなく、【Ctrl】＋【Shift】＋【Enter】に
よって実行させる必要がある。

　この時点で生成された乱数データは、$M=10$、$SD=3$、かつ、相関行列が
規準値を再現したものになっているが、まだ少々の修正が必要な状態であ
る。まず、下位検査の評価点であるにもかかわらず、小数点以下に数値が
続いている。さらに、規準値の範囲は 1−19 であるにもかかわらず、1 未満
と 19 以上の数値も出現している。そこで、1 未満を 1、19 以上は 19 とし
つつ、小数を四捨五入して整数化するために、IF 関数と ROUND 関数を用
いる。この手続きのあと、FIQ、VCI、PRI、WMI、PSI に対応する下位検
査の評価点を SUM 関数で合計し、それを 500,000 件分コピーする。WISC-
Ⅳ マニュアル（Wechsler, 2003 b；日本版 WISC-Ⅳ 刊行委員会、2010 b）の
換算表を Excel シートに入力しておき、LOOKUP 関数を使って、評価点合
計を標準得点に変換する。以上の手続きにより、FIQ と 4 つの指標得点に
関して、500,000 件のデータが得られた。Figure 5-5 は 1SD ごとに区切っ
た FIQ と 4 つの指標得点の分布である。

　平均値周辺では少々いびつな形態をしているものの、概ね正規分布して
いることが見て取れる。こうして生成したのが、標準化調査における一般
児童に実施された WISC-Ⅳ 結果を模したデータセットであり、一般群な
いしは対照群と呼ばれるものに相当する。一般群や対照群を構成するため
の方法論としては、以上の流れが自然であり妥当である。

　次に、FIQ を同水準にコントロールした統制群の構成を説明する。自然

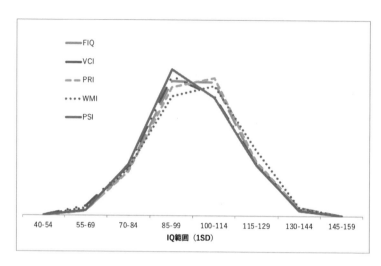

Figure 5-5　生成された乱数データの分布

　な考え方に沿えば、生成された 500,000 件から、触法群と IQ が同程度の
データだけを抜き出せば統制群を構成できるように思われる。しかしそう
簡単にはいかない。ここまでの手続きでは、多変量正規分布からの乱数生
成により「全体」としては、標準化調査における一般児童の精巧なシミュ
レーションが実現できた。ただし、その乱数データセットから「一部」を
切り取って統制群を構成すると、前章でも説明したように明らかな問題が
生じるのである。このことを次に描写し、その問題を克服するための方法
も併せて説明する。

　初めに問題のある方法を使って、不適切な［統制群］を構成した場合の
結果を説明する。すでに触法少年の FIQ が 95％区間である 83.0−85.8 の
範囲に入ることは判明している。そこで、500,000 件の一般群・対照群の
なかから FIQ が 83−86 までのデータだけを抽出する。今回のシミュレー
ションでは、［統制群］として 28,288 件のデータが選択された。［統制群］
の分布を確認すると、Figure 5-6 のように、当然ではあるが平均値が低く
なり、分布の歪みも大きくなっていた。

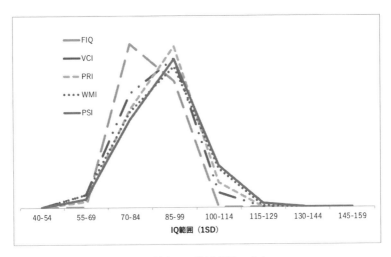

Figure 5-6　500,000 件から抽出した［統制群］の分布

　しかしながら、着目すべきは、FIQ と 4 つの指標の分布ではなく、相関関係である。Table 5-2 に、①マニュアルに記載の標準化調査における規準値、②乱数データによる一般群・対照群のデータセット 500,000 件の相関行列、③一部抜き出した［統制群］における相関行列、そして、④触法群の相関行列を示した。

　Table 5-2 からも明らかなように、［統制群］の相関行列だけが異質である。負の相関は、ある能力に秀でているほど、別の能力が劣っている傾向を示しており、総合的な「賢さ」を測定しているはずの知能テスト結果としては極めて不自然である。一方、FIQ の 95％区間が同じである触法少年のデータセットでは、規準値の相関行列と大きな隔たりは見られなかった。それゆえ、負の相関は IQ が低いことを理由に生じているわけではない。これは、元々 IQ 範囲を制限せずに生成した乱数データ「全体」の一部分を切り取ったことにより、選抜（切断）効果が生じているのである。それゆえ、この方法では一般群・対照群のシミュレーションには成功しているものの、統制群のシミュレーションには失敗していると判断できる。

Table 5-2　指標得点における相関行列の違い

	規準値	対照群	［統制群］	触法群
言語理解——知覚推理	0.49	0.49	-0.38	0.52
言語理解——ワーキングメモリ	0.47	0.46	-0.30	0.37
言語理解——処理速度	0.30	0.29	-0.41	0.34
知覚推理——ワーキングメモリ	0.48	0.47	-0.26	0.48
知覚推理——処理速度	0.34	0.34	-0.32	0.37
ワーキングメモリ——処理速度	0.32	0.32	-0.25	0.25

※ 規準値…WISC-IV マニュアル（Wechsler, 2003a；日本版 WISC-IV 刊行委員会、2010a）に記載の
相関係数、対照群…乱数生成による 500,000 件のデータセットにおける相関係数、［統制群］…
対照群から FIQ が 83〜86 となるデータだけを抜き出して構成したデータセットの相関係数、触
法群…触法少年 296 名における相関係数

　そのため、SAGC を実行するためには、触法少年のデータから FIQ の範
囲を定めたあと、一般群・対照群より抽出するのではなく、統制群を新た
に生成し直さなければならない。次のような手続きが必要となる。本章で
分析する触法群 296 名の FIQ は、M=84.4、SD=12.0 であった。ブートス
トラップ法を用いたリサンプリングの結果からも、平均値の平均は 84.4、
標準偏差の平均は 11.9 であった。この結果を使用し、直接的に乱数を生成
して統制群を構成する。再度、NtRand 3.3 を使用して、統制群を乱数で生
成するには、平均値が 84.4、標準偏差が 11.9 となるように入力値を調整
する必要がある。そこで、標準偏差の 11.9 を用いて、① VCI、② PRI、③
WMI、④ PSI、以上 4 つの指標間の相関係数（Table 5-2）に 11.9 × 11.9 を
積算することで、共分散を計算し、新たに多変量正規分布に基づく 50,000
の乱数データを生成した。その後、小数点を ROUND 関数で整数化した。
こうして統制群のデータセット 50,000 件が得られた。生成された統制群の
分布を Figure 5-7 に示した。いずれも、平均値 84.4 を中心とした正規分布
が確認できる。さらに、この生成された統制群における指標得点間の相関
行列は、マニュアル記載の規準値と小数点第 2 位まで等値であった。

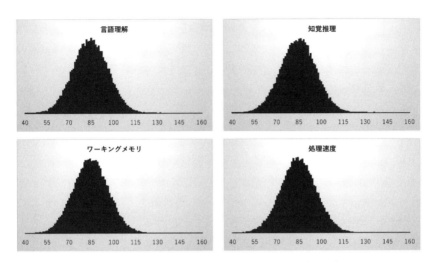

Figure 5-7　生成された統制群のデータセットにおける指標得点の分布

4．モンテカルロ・シミュレーション

　ここまでで、触法群のデータセットと規準値から生成した乱数による統制群のデータセットを準備できた。いよいよ知能プロフィールの分析に入る。触法群のデータは 296 名分のデータセットからブートストラップ法によりリサンプリングする。統制群のデータも同数の 296 名分を 50,000 件のデータセットから同じくブートストラップ法によりリサンプリングする。

　まず、触法群のデータをブートストラップ法によりリサンプリングさせるための準備をする。すでに作成してある Excel シートを再利用する。「Boot」シートの１列目には乱数、２列目には FIQ が入っている状態である。この２列目、特に B2 セルを F2 セルまでコピーすると、FIQ から VCI、PRI、WMI を経て PSI までのデータが検索されて表示される。こうして、触法群の WISC-IV における VCI、PRI、WMI、PSI の測定値（観測値）も「Boot」シートに呼び出すことができる。

　続いて、触法少年における個人内差を分析する。標的変数は４つの指標

得点であるが、個々の測定値を単純に触法群と統制群との間で比較するだけでは、知能プロファイリングとして不十分である。なぜなら、測定値の比較はあくまでも「集団としての特徴」を表しており、知能プロフィールは本来「個人の特徴」を描いたものであるからである。それゆえ、測定値に加えて個人内差を算出して分析指標とした。具体的には、G2 セルに「C2-AVERAGE($C2:$F2)」と関数を入力し、J2 セルまでコピーすると、VCI、PRI、WMI、PSI の個人内平均からの乖離度が算出できる。

　次に、統制群のデータを呼び出す。すでに作成してある 50,000 件の統制群データセットを「Contl」シートとして、作業中の Excel ブックに組み込む。そして、K2 セルに、RANDBETWEEN 関数で 1 から 50,000 の整数をランダムに出現させる。L2 セルに、「=lookup($K2,Contl!$A$2:$A$50001, Contl!B$2:B$50001)」と関数を設定し、O2 セルまでコピーする。この手続きにより、統制群の 4 つの指標を検索して表示させる。触法少年の個人内差を計算した方法と同じように、P2 から S2 セルまでは、測定値から個人内平均を減じて乖離度にあたる差分を算出する。

　この段階で、指標得点に関する変数を触法群 8 つ、統制群 8 つの合計 16 作成した。次に、すでに作成してある B299 セルの AVERAGE 関数を S299 セルまでコピーする。この際、C299 セルに入力されていた FIQ の SD を求める関数は削除してもかまわない。299 行目では、さらに、STDEV.S 関数を使って、これら 16 変数の SD を計算する。T299 から AA299 セルに触法群、AB299 から AI299 セルに統制群における指標得点の SD に関する変数を作成する。作業としては、C299 から S299 セルまでに入力した AVERAGE 関数を STDEV.S 関数に変更するだけである。こうして、触法群と統制群それぞれに 8 つの平均値と 8 つの標準偏差、すなわち、32 の変数が算出されることとなった。

　分析指標としては、群間差に関する変数を作成する。AJ299 から AQ299 セルには Cohen の d 効果量を計算させる。負の値が出現する可能性があるため ABS 関数、プールされた標準偏差の平方根で除算するための SQRT

関数を利用する。これにより、測定値としての VCI、PRI、WMI、PSI だけでなく、個人内差の効果量も同時に計算できる。もちろん、効果量だけでなく、単純な差得点も算出する。AR299 から AY299 セルまでに「触法群－統制群」という変数を作成する。ここまでの関数入力を完遂したならば、Figure 5-3 のマクロを run させると、すべてのシミュレーションが実行される。

　Figure 5-8 に触法群の指標得点分布、Table 5-3 に 50,000 回の反復計算によって得られた各指標と個人内差の分布に関する数値要約を示した。続いて、Table 5-4 に効果量と群間差の数値要約を示した。

　群間差に関しては、標準得点にして何ポイントの差が何％の確率で得られたのかを明らかにしたい。ただし、母集団における研究仮説が正しい確率ではなく、ここで得られたパーセンテージは、あくまでも今回の SAGC

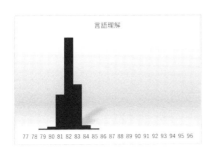
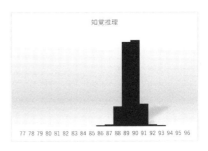
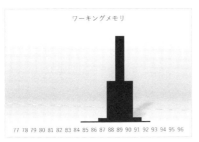
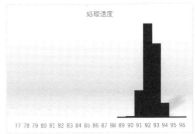

Figure 5-8　触法群における 4 つの指標得点分布（反復 50,000 回）
横軸は標準得点

Table 5-3　リサンプリング 50,000 回によって得られた分布の数値要約

	触法群					統制群				
	M	SD	95%L	Md	95%H	M	SD	95%L	Md	95%H
言語理解	81.58	0.71	80.18	81.58	82.98	84.48	0.70	83.12	84.48	85.84
知覚推理	89.03	0.79	87.47	89.02	90.59	84.43	0.70	83.06	84.43	85.81
ワーキングメモリ	88.50	0.77	87.01	88.50	90.00	84.44	0.70	83.08	84.44	85.81
処理速度	91.86	0.79	90.32	91.85	93.41	84.44	0.70	83.06	84.44	85.82
Δ 言語理解	-6.16	0.48	-7.09	-6.16	-5.22	0.03	0.45	-0.85	0.03	0.92
Δ 知覚推理	1.28	0.47	0.37	1.28	2.20	-0.02	0.44	-0.88	-0.02	0.84
Δ ワーキングメモリ	0.76	0.53	-0.28	0.76	1.81	0.00	0.45	-0.88	0.00	0.87
Δ 処理速度	4.12	0.58	2.98	4.12	5.27	-0.01	0.53	-1.05	-0.01	1.02

Table 5-4　50,000 回の反復計算による効果量と群間差の数値要約

	効果量 (Cohen d)					群間差				
	M	SD	95%L	Md	95%H	M	SD	95%L	Md	95%H
言語理解	0.12	0.04	0.04	0.12	0.20	-2.90	1.00	-4.85	-2.91	-0.94
知覚推理	0.18	0.04	0.10	0.18	0.26	4.60	1.06	2.53	4.60	6.66
ワーキングメモリ	0.16	0.04	0.08	0.16	0.24	4.06	1.03	2.05	4.06	6.09
処理速度	0.29	0.04	0.21	0.29	0.37	7.42	1.05	5.37	7.41	9.49
Δ 言語理解	0.39	0.04	0.30	0.39	0.47	-6.20	0.65	-7.48	-6.20	-4.92
Δ 知覚推理	0.08	0.04	0.01	0.08	0.16	1.31	0.64	0.06	1.31	2.56
Δ ワーキングメモリ	0.05	0.03	0.00	0.05	0.12	0.77	0.69	-0.59	0.76	2.12
Δ 処理速度	0.22	0.04	0.14	0.22	0.30	4.12	0.79	2.60	4.12	5.67

に関して 50,000 回のリサンプリングによる反復計算を行った結果の頻度確率に過ぎない。その意味では、SAGC に指定したモデルの条件下で、結果が再現されることに対する確信度を示した指標と解釈するのが妥当と考えられる。Figure 5-9 に指標ごとの確率分布の推移を示した。

　測定値の群間差に関して、VCI のみは、統制群よりも低い標準得点となりがちであり、「触法群－統制群」が負の値となっている。ただし、統制群に対して触法群の VCI が 2 ポイント以上低い頻度確率は 80％以上であっ

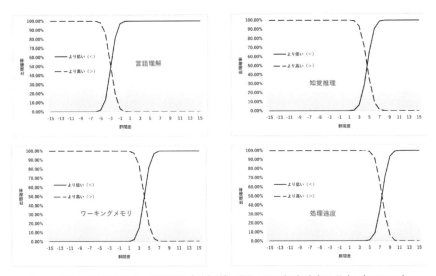

Figure 5-9　指標得点ごとの群間差（測定値）が得られた頻度確率の分布（WISC-IV）

たが、3 ポイント以上低い頻度確率は 50％弱となり、4 ポイント以上となると頻度確率は 10％強でしかなかった。PRI は、統制群よりも触法群で 3 ポイント以上高い頻度確率が 90％以上あったものの、6 ポイント以上となると 10％を下回った。WMI も、3 ポイント以上高い頻度確率が 80％を超えていたものの、6 ポイント以上となると 5％を切っていた。一方、PSI は、6 ポイント以上高い頻度確率が 90％強あり、9 ポイント以上高い頻度確率ですら 5％強は残っていた。こうした分析は、測定値に対して、触法群と統制群を比較した群間差に関するものである。個人内差を群間で比較した結果を Figure 5-10 に示した。

　個人内差で見ると、VCI の低さは統制群に対して触法群で顕著であった。個人内差にして、統制群よりも触法群で 5 ポイント以上低い頻度確率は 95％を超えていた。ただし、7 ポイント以上低い頻度確率は 10％強に過ぎなかった。PRI では、0 ポイント以上高い頻度確率が 95％を超えていたが、3 ポイント以上高い頻度確率は 1％を下回っていた。WMI に関して、

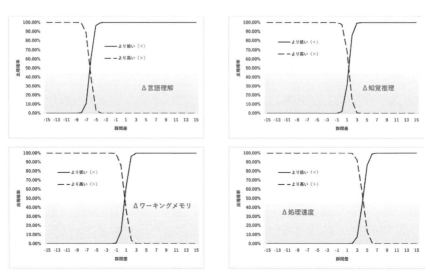

Figure 5-10　指標得点ごとの群間差（個人内差）が得られた頻度確率の分布（WISC-IV）

0ポイント以上高い頻度確率は90％弱であり、2ポイント以上高い頻度確率は5％を切っていた。PSIは、3ポイント以上高い頻度確率が90％以上あったものの、6ポイント以上高い頻度確率は1％に満たなかった。

　ところで、従来の仮説検定と異なり、SAGCを用いると「群間差がない」という結果に対しても、シミュレーションによる反復回数を分母としたときの頻度確率が計算可能である。たとえば、IQの標準得点に関して、2－3ポイントの違いが犯罪心理学的に意味を持つとは考えにくい。少なくとも、5ポイント（1/3 SD）以上の差異があってこそ意味があると考えるならば、次のような分析指標を計算することになる。触法群と統制群の群間差が±5ポイントの範囲に入る頻度確率は、VCIで98％、PRIで65％、WMIで82％、PSIで1％、ΔVCIで3％、ΔPRIで100％、ΔWMIで100％、ΔPSIで87％であった。±5ポイント以上を実質的な意味があると仮定すれば、測定値としてのPSI、個人内差としてのΔVCIに差異があり、触法群のPSIは頻度確率99％で5ポイント以上統制群より高く、同じくΔVCI

は頻度確率97%で5ポイント以上統制群より低かった。

　以上の分析結果を踏まえると、触法少年の知能プロフィールとして、VCI に反映される Gc の低さは確かに顕著ではあるものの、統制群と比較したとき、測定値よりも個人内差が低いところに特徴があった。SAGC によるリサンプリング結果を計数すると、標準偏差にして3分の1に当たる5ポイントも統制群より低い頻度確率は95%を超えており、効果量 d も 0.39 と小さくなかった。Gc に比較すると、PRI に混入されている Gf ないし Gv や WMI に代表される Gsm にはほとんど特徴がなかった。測定値の群間差でも、触法群で5ポイント以上高い頻度確率はそれぞれ約35%、約18%と低く、個人内差に絞れば、統制群に比較して触法群が0ポイント以上高いという頻度確率が80%を超えるに過ぎなかった。すなわち、触法群の Gf、Gv、Gsm は統制群に比べて特段の高低がなかったといえる。一方、PSI が反映する Gs は、測定値で分析した場合、1/3 SD 以上の差が頻度確率にして約98%で検出されたが、個人内差でみると、1/5 SD にあたる3ポイントを境に頻度確率は90%を下回った。すなわち、統制群に比較して、触法群という集団は Gs が高めとなりがちではあるものの、一人ひとりの触法少年において Gs の高いプロフィールが出現しやすいわけではない可能性が読み取れた。

5．追加補足分析

　WISC-IV を用いて触法少年の知能プロフィールを分析する SAGC の手順と解釈を説明してきた。この知見がどの程度まで一般化できるのか、すなわち、研究の外的妥当性は、本質的に母集団からのランダムサンプリング精度に依存する。しかし、臨床現場の研究で無作為抽出を期待することは不可能であり、非現実的でさえある。そのため、知見の一般化可能性を判断する1つの方法として、他のデータセットに対する結果との整合性がしばしば用いられる。本書では、WISC-III のデータセットを用いて WISC-

IV の分析結果がどこまで一般化できるのかを探索する。

　追加補足分析でも、著者がかつて以下の学術雑誌に発表した際に用いた触法少年のデータを再分析した。WISC-IV データと同様、行政機関の保有する個人情報の保護に関する法律や大阪府個人情報保護条例に鑑みて、個人を識別できない統計情報を学術貢献の目的で分析しており、法的な問題性はなかったものの、倫理的な観点から、当時の児童相談所長よりデータの利用許可を受けている。

緒方康介（2010）．多母集団同時分析を用いた非行児童の一般知能 g に関する因子平均の比較　*応用心理学研究*，**35 (2)**，90–99.

緒方康介（2009）．児童相談所で WISC-III を受検した非行少年の知能構造に関する因子分析的検討　*犯罪学雑誌*，**75 (1)**，9–18.

緒方康介（2008）．WISC-III 下位検査プロフィールからみる児童相談所に相談のあった非行児の知能特性　*犯罪心理学研究*，**46 (2)**，39–47.

　取り扱った触法少年の WISC-III データは総計 259 名分であった。女児 68 名、男児 191 名であり、年齢は $M=13.2$、$SD=1.4$、$Md=13.5$ であった。今回のシミュレーションでは、FIQ に関して平均値の 95％区間は 80.2–83.2 であり、$M=81.7$、$SD=12.6$ であった

　SAGC の分析手順は WISC-IV と同じであるため、結果だけを Table 5-5、5-6、Figure 5-11、5-12 に示した。ただし、WISC-III では、知覚推理（PRI）ではなく知覚統合（POI）、ワーキングメモリ（WMI）ではなく注意記憶（FDI）という呼称で、指標得点ではなく群指数として表記されているため、その箇所だけは変更している。

　測定値に対する効果量 d は、VCI、POI、FDI、PSI の順で大きくなっていたが、個人内差で見ると、VCI が最も大きく、PSI が次いでいた。測定値で評価すると、群指数が±5 ポイントの範囲に入る頻度確率は、VCI で 100％、POI で 98％、FDI で 11％、PSI では 0％であり、VCI と POI に関してはプロフィール上の差異はなかった。一方、個人内差で見るならば、

VCI で 85％、POI と FDI は 100％、PSI は 92％であった。統制群に比較して、触法群の群指数が 5 ポイント以上低い頻度確率は、測定値の場合、いずれの群指数でも 0％であり、個人内差に限ると、VCI で 15％あったが、他の 3 つでは 0％であった。逆に、5 ポイント以上高い頻度確率は、測定値で VCI が 0％、POI が 2％、FDI が 89％、PSI では 100％であり、個人内差に限ると、PSI で 8％となった以外は 3 つの群指数でいずれも 0％であった。

Table 5-5　リサンプリング 50,000 回によって得られた分布の数値要約（WISC-III）

	触法群					統制群				
	M	SD	95%L	Md	95%H	M	SD	95%L	Md	95%H
言語理解	81.74	0.83	80.11	81.73	83.39	81.72	0.79	80.19	81.73	83.27
知覚統合	84.51	0.83	82.88	84.52	86.15	81.76	0.78	80.24	81.75	83.28
注意記憶	88.17	0.79	86.63	88.16	89.74	81.78	0.78	80.24	81.78	83.31
処理速度	89.98	0.85	88.31	89.98	91.64	81.74	0.79	80.19	81.74	83.28
Δ 言語理解	-4.36	0.45	-5.23	-4.37	-3.48	-0.03	0.46	-0.92	-0.02	0.87
Δ 知覚統合	-1.59	0.54	-2.64	-1.59	-0.53	0.01	0.46	-0.89	0.01	0.91
Δ 注意記憶	2.07	0.51	1.07	2.06	3.07	0.03	0.47	-0.90	0.03	0.96
Δ 処理速度	3.88	0.57	2.76	3.88	5.01	-0.01	0.52	-1.04	-0.01	1.02

Table 5-6　50,000 回の反復計算による効果量と群間差の数値要約（WISC-III）

	効果量（Cohen d）					群間差				
	M	SD	95%L	Md	95%H	M	SD	95%L	Md	95%H
言語理解	0.04	0.03	0.00	0.03	0.10	0.01	1.15	-2.22	0.00	2.28
知覚統合	0.11	0.04	0.02	0.11	0.19	2.76	1.14	0.52	2.76	4.99
注意記憶	0.25	0.04	0.17	0.25	0.34	6.39	1.12	4.20	6.39	8.59
処理速度	0.31	0.05	0.23	0.31	0.41	8.24	1.16	5.98	8.25	10.50
Δ 言語理解	0.30	0.05	0.21	0.30	0.39	-4.34	0.64	-5.59	-4.34	-3.07
Δ 知覚統合	0.10	0.04	0.02	0.10	0.19	-1.59	0.71	-2.99	-1.60	-0.19
Δ 注意記憶	0.13	0.04	0.04	0.13	0.21	2.04	0.70	0.68	2.04	3.41
Δ 処理速度	0.22	0.04	0.13	0.22	0.31	3.89	0.78	2.37	3.89	5.42

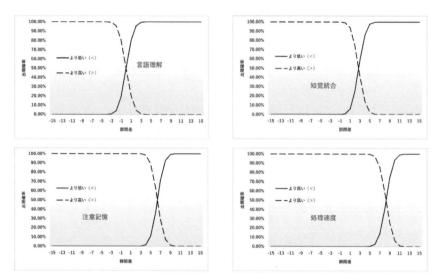

Figure 5-11　群指数ごとの群間差（測定値）が得られた確率分布（WISC-III）

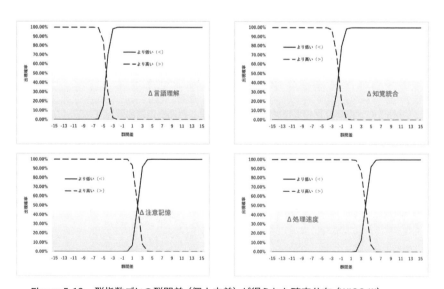

Figure 5-12　群指数ごとの群間差（個人内差）が得られた確率分布（WISC-III）

118

　以上の結果を総合すると、WISC-Ⅲ を用いた分析では、触法少年のプロフィール特徴として、VCI に反映される Gc ではなく、FDI が表している Gsm や PSI で測定される Gc の高さが際立っていた。ただし、この結果の解釈は慎重に行う必要がある。WISC-Ⅳ と WISC-Ⅲ では基本検査の構成が異なる。特に、FDI を構成する数唱と PSI を構成する記号探しは FIQ の算出に寄与していない。この点が WISC-Ⅳ との最大の相違点である。それゆえ、触法群の FIQ をブートストラップ法により推定し、その IQ 範囲に基づいて統制群を乱数生成する段階で実は偏りが生じていた。WISC-Ⅲ の FIQ はその 40％ が VCI の下位検査である。したがって、FIQ は VCI に近い値となり、その数値を基準にして乱数生成された統制群との間では、当然、VCI との群間差が目立たなくなる。逆に、FDI と PSI は FIQ に 10％ ずつしか含まれていないため、統制群との差異が検出されやすくなるのである。

　この前提を踏まえて Figure 5-12 を確認すると、個人内差として、ΔVCI が 3 ポイント以上低い頻度確率が 95％、ΔPSI でも 3 ポイント以上高い頻度確率が 85％ を超えているところに、やはり触法少年の知能プロフィールが反映されていると解釈できる。ただし、WISC-Ⅳ に比較すると、1/5 SD 程度の差異であり、犯罪心理学的に意味があると断定はできない。WISC-Ⅲ の時代までの P＞V プロフィールは、群指数や指標得点ではなく、動作性 IQ と言語性 IQ によってアセスメントされており、今回は WISC-Ⅳ との比較が目的であったため、群指数を分析したことが影響している可能性も考えられる。

　いずれにせよ、WISC-Ⅲ の分析結果を追加で補足的に示すことにより、本書で SAGC を用いて分析した知見の犯罪心理学的な考察が深まる可能性があるため、次章以降の非行罪種による分析においても同様に WISC-Ⅲ の結果を追加して補足的に示すことにした。

Cognitive profiling

Cognitive profiling of Juveniles under
14 years of age alleged to have violated
any Criminal Law or Ordinance

VI章
暴力少年の知能プロフィール

> *力強いとは、相手を倒すことではない。それは怒って当然というべきときに*
> *心を自制する力を持っていることである。*
>
> *Mohammed*

1. 暴力非行の動向

　警察白書に定義される包括罪種には、①凶悪犯、②粗暴犯、③窃盗犯、④知能犯、⑤風俗犯、⑥その他の刑法犯がある。このうち、粗暴犯には、(a) 暴行、(b) 傷害、(c) 脅迫、(d) 恐喝、(e) 凶器準備集合が含まれており、殺人や強盗は凶悪犯に分類されるため含まれていない。本章で扱う暴力少年は、まさに暴行・傷害を中心とした一群である。

　21世紀に入ってから、警察が認知している暴行・傷害の件数をFigure 6-1に示した。

　認知件数としては、傷害罪が減少するのに伴って暴行罪が増加していることが読み取れる。

　続いて、家庭裁判所に係属された少年事件のうち、同様に暴行・傷害の件数推移をFigure 6-2に示した。

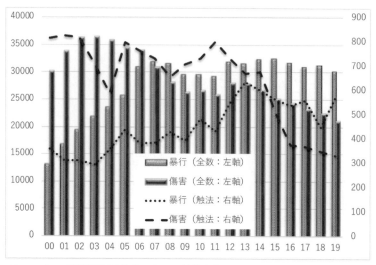

Figure 6-1　刑法犯認知件数に占める触法少年による暴行・傷害罪の推移

認知件数は全数（左軸）、触法少年（右軸）、2000～2019年、時間の単位は年度（4～3月）
ではなく年（1～12月）、『警察白書』より作成（https://www.npa.go.jp/）

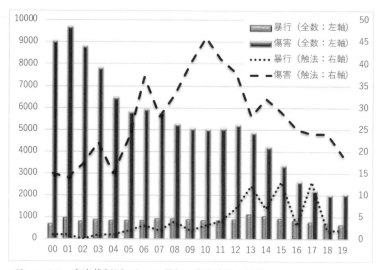

Figure 6-2　家庭裁判所における暴行・傷害事件の推移

全数は終局総人員（左軸）、14歳未満は、終局総人員中の内数（右軸）、2000～2019年、
時間の単位は年度（4～3月）、裁判所の司法統計「一般保護事件の終局人員　非行別行
為時年齢別」より作成（http://www.courts.go.jp/app/sihotokei_jp/search）

　全数としての傷害事件は減少傾向にあり、触法少年に限っても、一旦、増加傾向を示したあと、減少してきている。全数としての暴行事件は基本的に横ばいであり、触法少年に限れば、一時的な増減はあっても概ね1桁台での推移であった。つまり、事件を認知する警察段階では、暴行と傷害に著しい件数の差があるわけではない。しかしながら、捜査から司法の段階へと移行すると、多くの暴行罪は篩（ふるい）に掛けられて、結果的に被害程度が甚大な傷害罪との間に大きな件数差が生じているのである。

　さらに、少年鑑別所に収容される暴行・傷害事件について示したのがFigure 6-3 である。

　暴行罪の全数は横ばいであり、触法少年に限っても一時的な増減はあるものの、件数は1桁台である。傷害罪は全数的に減少しており、触法少年による件数も同様に減少している。

　少年鑑別所は家庭裁判所での観護措置によって収容されるため、家庭裁

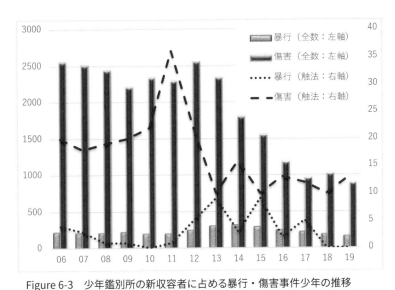

Figure 6-3　少年鑑別所の新収容者に占める暴行・傷害事件少年の推移
新収容者総数は当該年度に新たに収容した少年（左軸）、14歳未満は総数に占める内数（右軸）、2006〜2019 年、時間の単位は年度（4〜3月）、法務省の少年矯正統計「新収容者の非行名別　年齢」より作成（http://www.moj.go.jp/housei/toukei/toukei_ichiran_shonen-kyosei.html）

判所の扱う事件数との相関が強くなる。したがって、暴行罪と傷害罪に乖離が生じている理由は同じものと考えられる。

　刑法犯認知件数、家庭裁判所の司法統計、少年鑑別所の少年矯正統計、いずれの統計値を確認しても、全体に占める触法少年の比率は極めて小さいことがわかる。司法関係機関にとって、14歳未満で罪となる行為に手を染めた少年たちを取り扱うことは相対的に稀であり、経験値がなかなか蓄積されにくいものと推察される。

　一方、触法少年を一義的に取り扱うはずの児童相談所の公的統計には、「触法相談」や「虞犯相談」という大きな枠組みはあるものの、そうした少年たちの非行罪種を細かく分類した数値が報告されていない。そのため、暴力非行の触法少年が、時系列に照らしてどのような推移を示しているのかを定量的に把握することは難しい。

2．暴力非行の先行研究

　そもそも14歳未満の触法少年が他者に暴力を振るう原因は何なのだろうか。成長の過程における文化的要因に着目した研究が報告されている。National Youth Surveyの1977−1979年で収集された女子773人と男子837人のデータを分析したHeimer and Coster（1999）には、以下の知見が報告されている。何よりも暴力を学習することが暴力行為の強固な原因となる。ただし、暴力の学習には性差があった。さらに、友人による監視は男子にとっては抑止要因となるが、女子ではならない。伝統的な性別役割を引き受けることで女子は暴力との距離を置けるが男子には関係なかった。一方、性別とは関係なく、社会階層が少年たちの非行に影響を及ぼしていた。こうしたさまざまな背景要因の違いが、男女差を導き出していると考えられる。ただし、欧米圏ほど社会階層の差異が大きくない我が国でもこうした知見が妥当であるのかは不明である。

　近年では成長過程のなかでも不遇な逆境体験に注目した知見が散見さ

れるようになった。1987－1988年に幼稚園児だった子どもたちを21歳まで追跡した調査において Lansford, Miller-Johnson, Berlin, Dodge, Bates, and Pettit（2007）は、虐待群69人と対照群505人を比較し、自己申告による非行経験にこそ違いはなかったものの、暴力非行に関する裁判所の公式記録や逮捕歴は虐待を受けて育った群で多かったと報告している。1985－1986年に幼稚園児だった1,404人の子どもを追跡したシカゴ縦断研究のデータから Mersky and Reynolds（2007）も、身体的虐待やネグレクトの被害経験は後の非行を予測可能にすると報告している。こうした縦断的調査による知見は因果関係を推測するうえで極めて重要である。ただし、低年齢の対象者に実施する調査では特有の困難もある。

　年少者の研究では保護者への調査が重要となるものの、そのこと自体に方法論的問題がないわけではない。9－15歳の子ども98人に関して、子ども自身と保護者からの聞き取りを比較した Barry, Frick, and Grafeman（2008）によると、3年後の非行件数との関連において、保護者からの情報にはなかった予測力が子ども自身からの情報には認められた。つまり、年少の子どもを対象とした研究を実施する場合、実際には難しくとも、どうにかして子ども本人からのデータを収集することが重要と考えられる。

　暴力非行の原因について調査・分析した先行知見はいくつか存在する。ただし、その多くに本研究が対象とする14歳未満の少年は含まれていない。中学1－2年生123人を対象とした Allwood, Bell, and Horan（2011）の調査では、トラウマ体験後に感情消失の症状を示す少年ほど、非行に陥りやすいとの結果が得られている。とりわけ、PTSD の過覚醒を示したあと、恐怖心を感じなくなった場合に暴力的な行動が促進されていた。Pittsburgh Youth Study において、小学1年生849人、4年生868人、中学1年生856人の3コホートを分析した Pardini, Obradovic, and Loeber（2006）によると、低学年では素行障害、中学年では素行障害と不注意、中学生では他者に対する冷淡さが非行と関連していた。友人との類似性が非行に及ぼす影響を年齢別に調べた Richmond, Laursen, and Stattin（2019）によると、ス

ウェーデンの男児 1,663 人と女児 1,826 人を 5 年生から高校 1 年生まで調べたところ、11－13 歳まで類似性は増加し、その後 14－16 歳で減少していた。この結果から、思春期前期と後期では、不良仲間との交友が非行に及ぼす影響力も異なってくるものと考えられる。PROSPER study に参加した 4,359 人の青年を調査し、非行を続ける方が仲間から継続的に受容されるのかを Rulison, Kreager, and Osgood（2014）が調べている。小学 6 年生－中学 3 年生までの期間において、非行を続ける方が受け容れられるわけではなく、離脱してからしばらくは受容されにくくなるものの、次第に非行から足を洗った者でも仲間から受容されるようになっていた。

　このように、暴力非行の原因として、仲間集団からの学習や関係性、被虐待体験やトラウマ、発達障害を含めた器質的な問題など、いくつかのテーマが研究されている。しかしながら、当然、単一の要因で暴力非行を説明できるわけもなく、さまざまな要因を総合的に加味して対象となる少年をアセスメントすることが重要となる。

　知能プロフィールに関してもいくつかの報告がある。言語性 IQ の高低で非行少年 256 人を分類した Walsh（1987）によると、言語性 IQ は暴力犯罪とは負の相関、財産犯罪とは正の相関があった。即時強化を求めた衝動的で自発的な非行への関与は低い言語性 IQ、計画性が必要な遅延強化としての非行への関与は高い言語性 IQ と関連していた。有罪が確定した非行少年 149 人の動作性優位プロフィールを分析した Cornell and Wilson（1992）によると、罪種が暴力犯罪か非暴力犯罪かにかかわらず、動作性 IQ と言語性 IQ に少なくとも 12 ポイント以上の乖離が認められた者が 35％もいた。13－17 歳で少年司法に係属した少年 1,216 人に実施された WASI-II の結果を分析した Ray et al.（2016）によると、潜在クラス分析で見出された暴力非行群と他の非行群における推定 IQ の差は極めて小さかった。このように暴力非行に特化した触法少年の知見は数少ないものの、P＞V プロフィールや低い IQ に関するいくつかの示唆が得られている。

3．暴力少年のデータ

　本章では、第Ⅴ章で使用したデータセットから、暴力少年の WISC-IV データだけを抽出して分析した。分析に用いたデータは男児 54 名、女児 13 名であり、年齢は M=13.0、SD=1.4、Md=13.3 であった。暴力少年の WISC-IV に関するヒストグラムを Figure 6-4 に示した。

　本章でも SAGC を用いて第Ⅴ章と同様に分析を進めた。暴力少年の WISC-IV データセットからリサンプリングを繰り返した結果を Figure 6-5 に示した。

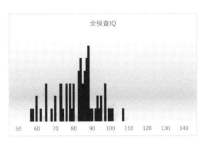

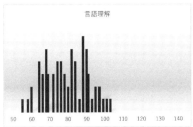

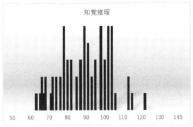

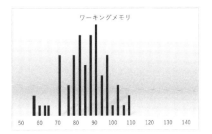

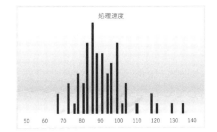

Figure 6-4　暴力少年の WISC-IV データの分布
横軸は標準得点

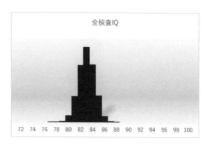

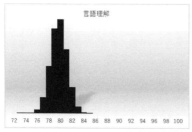

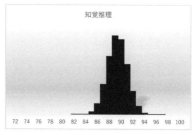

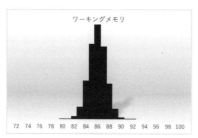

Figure 6-5　リサンプリング 50,000 回により得られた暴力少年の WISC-IV データ
横軸は標準得点

　暴力群の FIQ は 95％区間にして、79.8−85.1 であり、平均値の平均は 82.5、標準偏差の平均は 10.9 であったため、統制群のデータセットも IQ 範囲が M=82.5、SD=10.9 となるように指定して乱数生成を実行した。

4．暴力少年の知能プロフィール

　Table 6-1 に、50,000 回の反復計算によって得られた各指標と個人内差の分布に関する数値要約を示した。続いて、Table 6-2 に効果量と群間差の数値要約を示した。

Table 6-1　リサンプリング 50,000 回によって得られた分布の数値要約
　　　　　（暴力少年の WISC-Ⅳ）

	暴力群					統制群				
	M	SD	95%L	Md	95%H	M	SD	95%L	Md	95%H
言語理解	79.21	1.39	76.49	79.21	81.96	82.56	1.32	79.97	82.57	85.15
知覚推理	88.87	1.66	85.61	88.87	92.15	82.53	1.33	79.91	82.52	85.15
ワーキングメモリ	85.45	1.43	82.63	85.46	88.22	82.54	1.33	79.94	82.54	85.15
処理速度	91.16	1.59	88.15	91.13	94.36	82.54	1.34	79.93	82.52	85.16
Δ 言語理解	-6.96	1.00	-8.94	-6.95	-5.03	0.02	0.86	-1.68	0.02	1.72
Δ 知覚推理	2.70	1.10	0.53	2.70	4.84	-0.01	0.84	-1.65	-0.01	1.65
Δ ワーキングメモリ	-0.72	0.95	-2.58	-0.72	1.15	0.00	0.86	-1.69	0.00	1.68
Δ 処理速度	4.99	1.22	2.67	4.96	7.46	0.00	1.01	-1.99	0.00	1.97

Table 6-2　50,000 回の反復計算による効果量と群間差の数値要約
　　　　　（暴力少年の WISC-Ⅳ）

	効果量（Cohen d）					群間差				
	M	SD	95%L	Md	95%H	M	SD	95%L	Md	95%H
言語理解	0.15	0.08	0.01	0.15	0.32	-3.35	1.92	-7.12	-3.34	0.42
知覚推理	0.26	0.09	0.09	0.26	0.43	6.34	2.14	2.19	6.34	10.54
ワーキングメモリ	0.14	0.08	0.01	0.13	0.31	2.92	1.95	-0.93	2.91	6.72
処理速度	0.36	0.08	0.20	0.36	0.52	8.62	2.07	4.64	8.61	12.72
Δ 言語理解	0.46	0.09	0.29	0.46	0.63	-6.98	1.32	-9.60	-6.98	-4.41
Δ 知覚推理	0.17	0.09	0.02	0.17	0.35	2.71	1.39	0.01	2.71	5.43
Δ ワーキングメモリ	0.08	0.06	0.00	0.07	0.22	-0.72	1.28	-3.21	-0.72	1.79
Δ 処理速度	0.27	0.08	0.11	0.27	0.43	4.99	1.58	1.92	4.97	8.15

Table 6-1 から明らかなように、暴力群の WISC-IV プロフィールとしては、VCI の低さが特徴であり、測定値ならびに個人内差としても顕著であった。ただし、Table 6-2 に見られるように、測定値としては、VCI よりも PRI や PSI の方で効果量は相対的に大きかった。一方、個人内差としては、VCI で中程度に近い効果量が得られた。

　Figure 6-6 に指標ごとの確率分布の推移を示した。さらに、個人内差を群間で比較した結果を Figure 6-7 に示した。

　群間差が、±5 ポイント以内に入る頻度確率は、測定値としての VCI で 80％、PRI で 27％、WMI で 86％、PSI で 4％であり、個人内差では、ΔVCI で 7％、ΔPRI で 95％、ΔWMI で 100％、ΔPSI で 51％であった。

　暴力群の指標得点が 5 ポイント以上低い頻度確率は、測定値としての VCI で 19％、個人内差としての ΔVCI で 93％であり、それ以外はすべて 0％であった。逆に、5 ポイント以上高い頻度確率は、測定値としての VCI で 0％、PRI で 73％、WMI で 14％、PSI で 96％、個人内差としては、ΔVCI と ΔWMI で 0％、ΔPRI で 5％、ΔPSI で 49％であった。

　以上の結果から、暴力少年の WISC-IV プロフィールとしては、ΔVCI に反映される Gc の個人内差が低く、PSI に表現される Gs の測定値が高いという特徴が見出された。ただし、2/3 SD に当たる 10 ポイント以上、ΔVCI が低い頻度確率は 1％に過ぎず、PSI が高い頻度確率も 25％しかなかった。暴力非行によって保護観察中の少年 125 人に実施された WAIS を分析した Petee and Walsh（1987）も、言語性劣位の知能プロフィールを確認しているが、その特徴はせいぜい 1/3 SD 程度であった。すなわち、暴力少年の知能プロフィールとして、言語能力を含めた理解知識（Gc）の低さは確かに頑健ではあるものの、その程度は決して甚だしいものではないと考えられる。

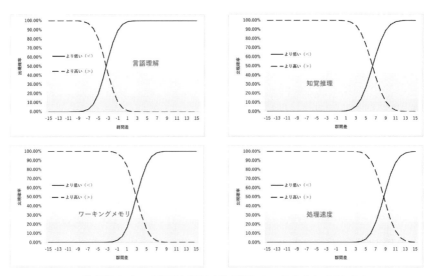

Figure 6-6　指標得点ごとの群間差（測定値）が得られる確率分布（暴力少年の
　　　　　　WISC-IV）

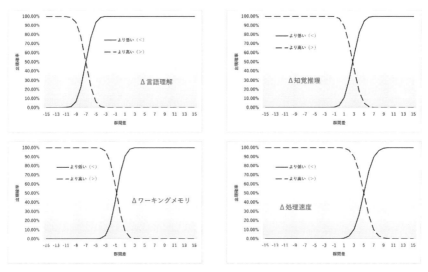

Figure 6-7　指標得点ごとの群間差（個人内差）が得られる確率分布（暴力少年の
　　　　　　WISC-IV）

5．暴力少年の追加補足分析

　本章でも、第V章の追加補足分析で使用したデータセットから、暴力少年の WISC-III データを抽出して分析した。分析に用いたデータは男児 39 名、女児 11 名であり、年齢は M=13.4、SD=1.0、Md=13.8 であった。今回のシミュレーションでは、FIQ に関して平均値の 95％区間は 77.8−85.3 であり、M=81.5、SD=13.6 であった。分析結果として、数値要約を Table 6-3 と 6-4、確率分布を Figure 6-8 と 6-9 に示した。

　Table 6-3 から、暴力群の WISC-III プロフィールは全般的に統制群よりも高くなっていることが読み取れる。ただし、個人内差としては、ΔFDI と ΔPSI が ±5 ポイントと、ΔPOI よりも高いというプロフィール特徴であった。Table 6-4 で統制群との差異を分析すると、やはり、FDI と PSI の測定値が暴力群で高く、ΔVCI は個人内差として低いというプロフィールであった。他方、POI に特徴はほとんどなかった。

　群間差が ±5 ポイント以内に入る頻度確率は、測定値では、VCI で 88％、POI で 78％、FDI で 14％、PSI で 16％であり、個人内差では、ΔVCI で 85％、ΔPOI で 95％、ΔFDI で 89％、ΔPSI で 88％であった。暴力群が 5 ポイント以上低い頻度確率は、最も高い ΔVCI でも 15％であり、逆に 5 ポイント以上高い頻度確率は、VCI で 11％、POI で 22％、FDI で 86％、PSI で 84％、個人内差としては、ΔVCI と ΔPOI が 0％、ΔFDI で 11％、ΔPSI で 12％であった。以上の WISC-III プロフィールから、暴力少年は平均すると FDI と PSI が統制群よりも高いという特徴があるものの、やはり、第 V 章での分析同様、FIQ を構成しない下位検査により、統制群のデータセット生成において、相対的なプロフィールの高さが現出している可能性は否めなかった。すなわち、本研究では追加補足のために分析を試みたが、WISC-III のデータは SAGC による知能プロファイリングには適していなかった可能性も考えられる。

Table 6-3　リサンプリング 50,000 回によって得られた分布の数値要約
（暴力少年の WISC-III）

	暴力群					統制群				
	M	SD	95%L	Md	95%H	M	SD	95%L	Md	95%H
言語理解	83.12	1.96	79.30	83.10	87.00	81.55	1.94	77.76	81.56	85.34
知覚統合	84.42	1.95	80.60	84.42	88.22	81.58	1.93	77.80	81.58	85.36
注意記憶	89.51	1.91	85.84	89.48	93.38	81.58	1.94	77.78	81.60	85.36
処理速度	89.30	2.01	85.38	89.28	93.30	81.56	1.93	77.76	81.58	85.34
Δ 言語理解	-3.47	0.98	-5.34	-3.49	-1.51	-0.02	1.13	-2.21	-0.02	2.19
Δ 知覚統合	-2.17	1.22	-4.55	-2.17	0.22	0.01	1.13	-2.20	0.01	2.22
Δ 注意記憶	2.92	1.22	0.55	2.92	5.36	0.02	1.16	-2.26	0.02	2.28
Δ 処理速度	2.71	1.39	-0.04	2.71	5.44	-0.01	1.29	-2.53	-0.01	2.52

Table 6-4　50,000 回の反復計算による効果量と群間差の数値要約
（暴力少年の WISC-III）

	効果量（Cohen d）					群間差				
	M	SD	95%L	Md	95%H	M	SD	95%L	Md	95%H
言語理解	0.09	0.07	0.00	0.08	0.26	1.58	2.76	-3.84	1.56	7.00
知覚統合	0.12	0.08	0.01	0.11	0.30	2.84	2.74	-2.56	2.82	8.20
注意記憶	0.29	0.10	0.10	0.29	0.49	7.93	2.73	2.62	7.92	13.32
処理速度	0.28	0.10	0.08	0.28	0.48	7.75	2.79	2.30	7.74	13.28
Δ 言語理解	0.24	0.10	0.04	0.23	0.45	-3.45	1.50	-6.33	-3.46	-0.48
Δ 知覚統合	0.14	0.09	0.01	0.13	0.33	-2.18	1.66	-5.45	-2.19	1.08
Δ 注意記憶	0.18	0.09	0.01	0.17	0.37	2.91	1.69	-0.37	2.90	6.25
Δ 処理速度	0.15	0.09	0.01	0.14	0.35	2.72	1.90	-1.00	2.73	6.46

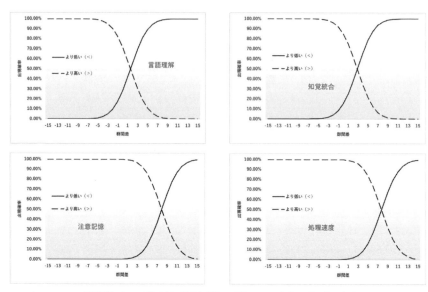

Figure 6-8　群指数ごとの群間差（測定値）が得られる確率分布（暴力少年の
　　　　　　WISC-III）

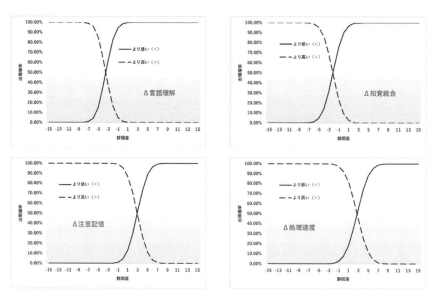

Figure 6-9　群指数ごとの群間差（個人内差）が得られる確率分布（暴力少年の
　　　　　　WISC-III）

Cognitive profiling of Juveniles under
14 years of age alleged to have violated
any Criminal Law or Ordinance

Ⅶ章
性非行少年の知能プロフィール

> 心には、理性が知らない、それなりの理由がある。
>
> *Blaise Pascal*

1．性非行の動向

　警察白書に定義される包括罪種には、①凶悪犯、②粗暴犯、③窃盗犯、④知能犯、⑤風俗犯、⑥その他の刑法犯がある。このうち、風俗犯には、(a)賭博、(b)わいせつがあるものの、強制性交等（旧：強姦）は凶悪犯に分類されており含まれていない。本章で分析する性非行少年は、強制性交等ないしわいせつを中心とした一群である。

　21世紀に入ってから、警察が認知している強制性交等・わいせつの件数をFigure 7-1に示した。

　認知件数としては、強制性交等罪に対してわいせつ罪が多いものの、すべての罪種で認知件数が減少しているなか、性犯罪は概ね横ばいである。年齢的な要因もあり、触法少年の性非行件数はかなり少ない。

　続いて、家庭裁判所に係属された少年事件について、同様に強制性交等・わいせつの件数をFigure 7-2に示した。

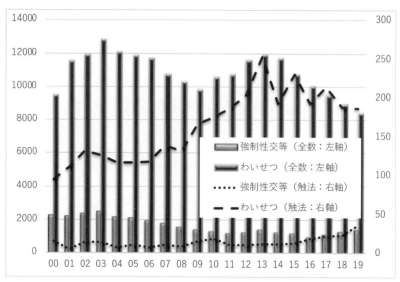

Figure 7-1　刑法犯認知件数に占める触法少年による強制性交等・わいせつ罪の推移
認知件数は全数（左軸）、触法少年（右軸）、2000〜2019 年、時間の単位は年度（4〜3 月）で
はなく年（1〜12 月）、『警察白書』より作成（https://www.npa.go.jp/）

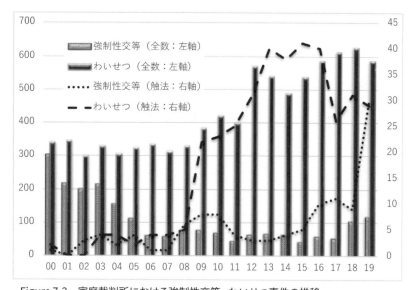

Figure 7-2　家庭裁判所における強制性交等・わいせつ事件の推移
全数は終局総人員（左軸）、14 歳未満は、終局総人員中の内数（右軸）、2000〜2019 年、時間
の単位は年度（4〜3 月）、旧：集団強姦の件数は除外、裁判所の司法統計「一般保護事件の終
局人員　非行別行為時年齢別」より作成（http://www.courts.go.jp/app/sihotokei_jp/search）

　全数としての強制性交等事件は減少傾向にある一方で、わいせつ事件は増加してきている。触法少年に限っては、ある時期からどちらの性非行も増加を示している。たとえ低年齢児であったとしても、性非行に対する社会的な視線が厳しくなるにつれて、家庭裁判所に送致されることが増えたものと考えられる。これも、少年非行が全体的に件数減少を示しているなか、例外的な推移となっている。

　さらに、少年鑑別所に収容される強制性交等（同致死傷）・強制わいせつ（同致死傷）事件の件数推移について示したのが Figure 7-3 である。

　強制性交等罪も強制わいせつ罪も全数的に件数は横ばいであり、件数自体が少なくはあるが、触法少年に限っても同様に横ばい傾向を示している。暴力非行に関しては、少年鑑別所と家庭裁判所との相関が強かった。しかし

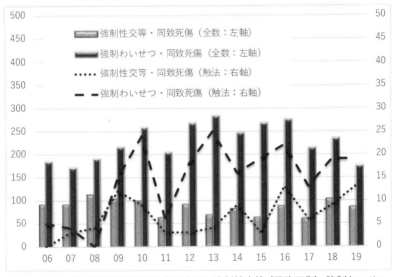

Figure 7-3　少年鑑別所の新収容者に占める強制性交等（同致死傷）・強制わいせつ（同致死傷）事件少年の推移

新収容者総数は当該年度に新たに収容した少年（左軸）、14 歳未満は総数に占める内数（右軸）、2006 ～ 2019 年、時間の単位は年度（4 ～ 3 月）、法務省の少年矯正統計「新収容者の非行名別年齢」より作成（http://www.moj.go.jp/housei/toukei/toukei_ichiran_shonen-kyosei.html）

ながら、性非行に関しては、少年鑑別所に収容される件数に大きな増減は
なく、常に一定数の性非行少年が資質鑑別を受けているものと考えられる。

　暴力非行と同様、刑法犯認知件数、家庭裁判所の司法統計、少年鑑別所
の少年矯正統計、いずれの統計値を確認しても、全体に占める触法少年の
比率は極めて小さかった。とりわけ、性非行については身体的・生理的成
熟が犯行に少なからず影響を及ぼしているため、低年齢児では発生しにく
い非行罪種なのかもしれない。

　一方、触法少年を取り扱う児童相談所では性非行のケースが珍しくな
い。ただし、公的統計の報告がなく、暴力非行と同様、性非行の触法少年
がどのような推移を示しているのかを定量的に把握することは難しい。

2．性非行の先行研究

　公的統計の数値が物語るように、性非行は年齢と極めて関連性が高い。
すなわち、小学生年齢ではなかなか性非行は生じないのである。そのため、
先行知見もそのほとんどが高校年齢以上を対象としており、中学生ですら
報告数は少ない。

　性非行は重大犯罪であり、治療教育に課せられた責任も重い。ヴァー
ジニア州で行われた性非行少年への治療経過を 10 年にわたり追跡した
Waite, Keller, McGarvey, Wieckowski, Pinkerton, and Brown（2005）による
と、性犯罪による再逮捕こそ 5％以下に抑えられていたものの、対人暴力
での再逮捕は 30％を超えていた。この知見から、性非行への治療教育が非
行全体へと般化するわけではないものと考えられる。他にも、性非行の実
態に迫った調査研究がある。11−17 歳の男子少年 485 人に自記式の質問紙
調査を実施した Zolondek, Abel, Northey, and Jordan（2001）によると、成
人の性犯罪者に比較して、性非行少年は、61％で子どもを略取しており、
32％にポルノの使用歴があり、性的攻撃に際しては 9−46 の行為に及んで
いた。少年が性非行に及ぶ場合、自分よりか弱い年少者を被害者に選ぶ傾

向があり、その意味でも幼い子どもに被害をもたらす重大犯罪に繋がりやすい。

　性非行少年の心理学的な特性を調べた研究は多い。性非行少年の個人特性、対人関係、学力などを調べた Ronis and Borduin（2007）では、性犯罪のない非行少年と同じく、性非行少年にもさまざまな問題行動、対人関係や家族関係の難しさ、学力の低さなどが確認された。サイコパスの冷淡さ特性に対する保護者と性非行少年本人の自己評価を比較した White, Cruise, and Frick（2009）によると、全般的な非行リスク、性非行に特化したリスクの両方で同じように相関していたが、保護者評定は静的要因、本人評定は動的要因との関連が強かった。知見が積み上げられたことにより、メタ分析を通したエビデンスも報告されている。1986−2005 年に刊行された 18 の研究をメタ分析により統合した McCann and Lussier（2008）によると、①見知らぬ他人を狙う、②子どもを被害者に選ぶ、③武器で脅すといった犯行要素があると、性非行の再犯リスクは高まっていた。

　ただし、14 歳未満の子どもを性非行へと陥らせる要因についてはまだ十分に解明されていない。そうしたなか、いくつかの示唆に富む関連知見が報告されている。暴力への曝露と性非行へのリスクを中学 1 年生 911 人の自己報告から分析した Coyle, Guinosso, Glassman, Anderson, and Wilson（2017）によると、直接的な恐怖体験は性行為ならびに性的接触行動、暴力の目撃による間接体験は性的接触行動のみと関連していた。一方、実体験もなく、暴力に対して想像上の恐怖を感じているだけでは、いかなる性的逸脱リスクも高められることはなかった。13−15 歳のフランス系カナダ人の子ども 343 名に調査を行った Boislard, Dussault, Brendgen, and Vitaro（2013）によると、外在化された行動が多く、かつ内在化された問題は少ない男子ほど、早期に性的体験をしがちであったが、女子ではどちらの問題行動も、性的体験の時期とは関連していなかった。

　知能プロフィールに関してもわずかながら報告がある。知的障害のある非行少年を調査した Miyaguchi and Shirataki（2014）によると、同じように

低いIQであっても、性暴力のない非行少年より、性非行少年においては、注意の切り替え、処理速度、ワーキングメモリ、前向性記憶の得点がいずれも低かった。刑が確定した少年925人にWASIを実施したFalligant et al.（2017）では、あくまで規準値より低くはあったものの、成人犯罪者と違い、性非行群のIQは相対的に高かった。このように、性非行に関しては年長少年の知見に比較して、本研究が対象とするような低年齢の少年については極めて報告が少ない。したがって、本章で示す知能プロフィールの分析は性非行を理解するうえでの基礎的な知見として有用と考えられる。

3．性非行少年のデータ

　本章では、第Ⅴ章で使用したデータセットから、性非行少年のWISC-IVデータを抽出して分析した。分析に用いたデータは男児26名、女児4名であり、年齢は*M*=13.7、*SD*=1.3、*Md*=13.7であった。性非行少年のWISC-IVに関するヒストグラムをFigure 7-4に示した。

　本章でもSAGCを用いて分析を進めた。性非行少年のWISC-IVデータセットをリサンプリングにより反復計算した結果をFigure 7-5に示した。

　性非行群のFIQは95％区間にして、79.8－90.4であり、平均値の平均は85.0、標準偏差の平均は14.5であったため、統制群のデータセットにおけるIQ範囲も平均が85.0、標準偏差が14.5となるように指定して乱数を生成した。

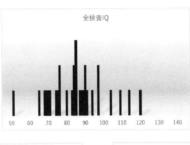

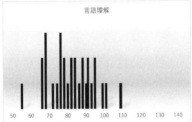

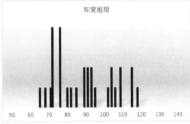

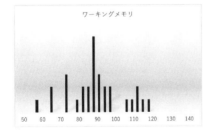

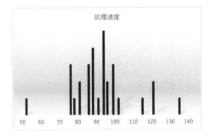

Figure 7-4　性非行少年の WISC-Ⅳ データの分布
横軸は標準得点

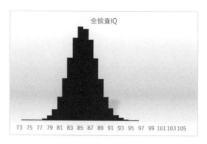

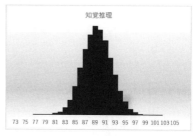

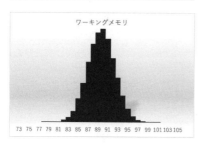

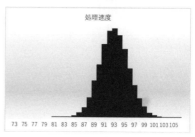

Figure 7-5　リサンプリング 50,000 回により得られた性非行少年の WISC-IV データ
横軸は標準得点

4．性非行少年の知能プロフィール

　Table 7-1 に 50,000 回の反復計算によって得られた各指標と個人内差の分布に関する数値要約を示した。続いて、Table 7-2 に効果量と群間差の数値要約を示した。

　Table 7-1 から明らかなように、性非行群の WISC-Ⅳ プロフィールとしては、VCI の低さが特徴であり、測定値ならびに個人内差のいずれも顕著であった。ただし、Table 7-2 に見るように、測定値としては PSI に相対的に高めの効果量があり、個人内差としては、ΔVCI で相対的に最も高い効果量が得られた。

Table 7-1　リサンプリング 50,000 回によって得られた分布の数値要約
（性非行少年の WISC-Ⅳ）

	性非行群					統制群				
	M	SD	95%L	Md	95%H	M	SD	95%L	Md	95%H
言語理解	81.97	2.19	77.73	81.97	86.30	85.09	2.64	79.90	85.10	90.23
知覚推理	88.88	2.86	83.37	88.83	94.53	85.01	2.65	79.80	85.00	90.23
ワーキングメモリ	89.14	2.71	83.83	89.17	94.43	85.04	2.65	79.83	85.03	90.27
処理速度	92.48	2.86	86.97	92.43	98.23	85.04	2.67	79.80	85.03	90.27
Δ言語理解	-6.14	1.32	-8.76	-6.13	-3.58	0.04	1.72	-3.33	0.04	3.42
Δ知覚推理	0.76	1.37	-1.87	0.75	3.51	-0.03	1.67	-3.28	-0.04	3.24
Δワーキングメモリ	1.02	1.59	-2.10	1.02	4.13	-0.01	1.70	-3.35	-0.01	3.34
Δ処理速度	4.36	1.81	0.77	4.38	7.87	0.00	2.02	-3.93	-0.01	3.95

Table 7-2　50,000 回の反復計算による効果量と群間差の数値要約
（性非行少年の WISC-Ⅳ）

	効果量（Cohen d）					群間差				
	M	SD	95%L	Md	95%H	M	SD	95%L	Md	95%H
言語理解	0.14	0.10	0.01	0.13	0.38	-3.11	3.43	-9.77	-3.13	3.67
知覚推理	0.15	0.10	0.01	0.14	0.39	3.86	3.90	-3.73	3.83	11.57
ワーキングメモリ	0.16	0.11	0.01	0.15	0.40	4.10	3.79	-3.30	4.10	11.53
処理速度	0.25	0.12	0.02	0.25	0.51	7.43	3.91	-0.20	7.43	15.17
Δ言語理解	0.37	0.13	0.12	0.37	0.64	-6.18	2.16	-10.42	-6.17	-1.93
Δ知覚推理	0.11	0.08	0.00	0.09	0.31	0.79	2.16	-3.41	0.79	5.04
Δワーキングメモリ	0.11	0.09	0.00	0.10	0.32	1.03	2.33	-3.52	1.03	5.60
Δ処理速度	0.22	0.12	0.01	0.21	0.48	4.36	2.71	-0.98	4.37	9.68

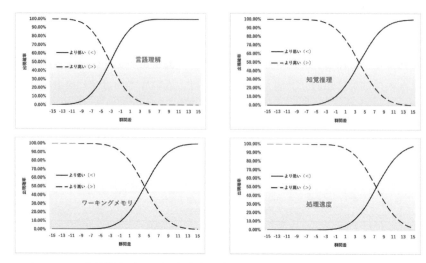

Figure 7-6　指標得点ごとの群間差（測定値）が得られる確率分布（性非行少年の
　　　　　　WISC-IV）

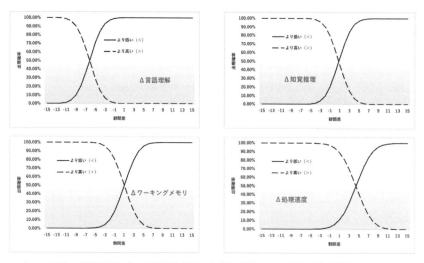

Figure 7-7　指標得点ごとの群間差（個人内差）が得られる確率分布（性非行少年の
　　　　　　WISC-IV）

　Figure 7-6 に指標ごとの確率分布の推移を示した。さらに、個人内差を群間で比較した結果を Figure 7-7 に示した。

　群間差が、±5 ポイント以内に入る頻度確率は、測定値としての VCI で 70％、PRI で 60％、WMI で 58％、PSI で 26％であり、個人内差では、ΔVCI で 29％、ΔPRI で 97％、ΔWMI で 95％、ΔPSI で 59％であった。性非行群の指標得点が 5 ポイント以上低い頻度確率は、測定値としての VCI で 29％、個人内差としての ΔVCI で 71％であり、それ以外はすべて 1％以下であった。逆に、5 ポイント以上高い頻度確率は、測定値としての VCI で 1％、PRI で 38％、WMI で 41％、PSI で 73％、個人内差としては、ΔPSI で 41％であったが、他は 5％未満であった。

　以上の結果から、性非行少年の WISC-IV プロフィールとして、ΔVCI に反映される Gc が低く、PSI に代表される Gs が高いという傾向は認められるものの、その程度は決して大きくなかった。全般的に性非行少年の WISC-IV プロフィールには際立った特徴がないものと考えられた。

5．性非行少年の追加補足分析

　本章でも、第Ⅴ章の追加補足分析で使用したデータセットから、性非行少年の WISC-III データだけを抽出して分析した。分析に用いたデータは男児 32 名、女児 6 名であり、年齢は M=13.1、SD=1.8、Md=13.3 であった。本章のシミュレーションでは、FIQ に関して平均値の 95％区間は 77.4 −85.7 であり、M=81.5、SD=13.0 であった。分析結果として、数値要約を Table 7-3 と 7-4、確率分布を Figure 7-8 と 7-9 に示した。

　Table 7-3 から、性非行群の WISC-III プロフィールは全般的に統制群よりも高くなっていることが読み取れる。ただし、個人内差としては、ΔFDI と ΔPSI が ΔVCI と ΔPOI よりも高いというプロフィール特徴であった。Table 7-4 で統制群との差異を分析すると、やはり、FDI と PSI の測定値が性非行群で高く、ΔVCI は低いというプロフィールであった。他方、POI

に特徴は見られなかった。

　群間差が ±5 ポイント以内に入る頻度確率に関して、測定値では、VCI で 53％、POI で 25％、FDI で 8％、PSI で 5％であり、個人内差では、ΔVCI で 86％、ΔPOI で 99％、ΔFDI で 96％、ΔPSI で 91％であった。性非行群が 5 ポイント以上低い頻度確率は、最も高い ΔVCI でも 14％であり、逆に 5 ポイント以上高い頻度確率は、VCI で 46％、POI で 74％、FDI で 91％、PSI で 95％、個人内差としては、ΔVCI と ΔPOI が 0％、ΔFDI で 4％、ΔPSI で 9％であった。

　以上の WISC-III プロフィール分析結果は暴力少年とほぼ同様であった。性非行少年でも、平均すると FDI と PSI が統制群よりも高いという特徴があるものの、やはり、FIQ を構成しない下位検査により、統制群の生成において、相対的なプロフィールの高さが現出している可能性は否めなかった。暴力少年と同様の結果に終始したことから、本研究では追加補足のために分析を試みたが、やはり WISC-III のデータは SAGC による知能プロファイリングには適していない可能性が高いものと考えられる。

Table 7-3　リサンプリング 50,000 回によって得られた分布の数値要約
　　　　　　（性非行少年の WISC-III）

	性非行群					統制群				
	M	*SD*	*95%L*	*Md*	*95%H*	*M*	*SD*	*95%L*	*Md*	*95%H*
言語理解	86.24	2.30	81.74	86.24	90.74	81.53	2.12	77.37	81.55	85.68
知覚統合	88.57	2.19	84.24	88.58	92.82	81.57	2.12	77.42	81.55	85.74
注意記憶	91.02	2.46	86.29	91.00	95.89	81.60	2.10	77.50	81.61	85.74
処理速度	91.73	2.32	87.03	91.79	96.13	81.56	2.11	77.45	81.55	85.71
Δ言語理解	-3.15	1.24	-5.63	-3.14	-0.77	-0.03	1.23	-2.46	-0.03	2.39
Δ知覚統合	-0.82	1.32	-3.36	-0.84	1.82	0.00	1.23	-2.42	0.00	2.42
Δ注意記憶	1.63	1.39	-0.99	1.60	4.45	0.03	1.27	-2.45	0.04	2.51
Δ処理速度	2.34	1.39	-0.34	2.32	5.12	-0.01	1.42	-2.78	-0.01	2.78

Table 7-4　50,000 回の反復計算による効果量と群間差の数値要約
　　　　　　（性非行少年の WISC-III）

	効果量（Cohen d）					群間差				
	M	*SD*	*95%L*	*Md*	*95%H*	*M*	*SD*	*95%L*	*Md*	*95%H*
言語理解	0.18	0.11	0.01	0.17	0.41	4.70	3.14	-1.45	4.71	10.84
知覚統合	0.27	0.12	0.05	0.27	0.51	7.00	3.06	1.00	7.00	12.97
注意記憶	0.34	0.12	0.11	0.34	0.57	9.42	3.25	3.08	9.42	15.84
処理速度	0.38	0.13	0.13	0.37	0.65	10.17	3.15	3.92	10.18	16.24
Δ言語理解	0.21	0.11	0.02	0.20	0.43	-3.12	1.75	-6.57	-3.11	0.29
Δ知覚統合	0.10	0.08	0.00	0.09	0.29	-0.82	1.81	-4.37	-0.84	2.76
Δ注意記憶	0.12	0.09	0.01	0.11	0.32	1.60	1.89	-2.01	1.58	5.33
Δ処理速度	0.15	0.10	0.01	0.14	0.36	2.34	1.99	-1.53	2.34	6.30

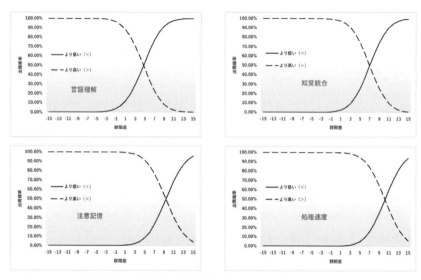

Figure 7-8　群指数ごとの群間差（測定値）が得られる確率分布（性非行少年の
WISC-III）

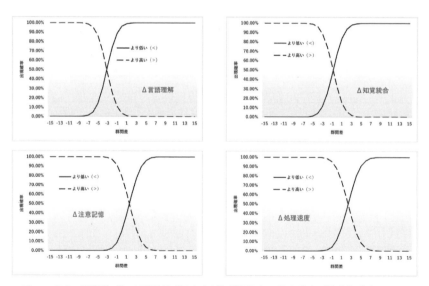

Figure 7-9　群指数ごとの群間差（個人内差）が得られる確率分布（性非行少年の
WISC-III）

Cognitive profiling of Juveniles under
14 years of age alleged to have violated
any Criminal Law or Ordinance

VIII 章
窃盗少年の知能プロフィール

> 満足した豚であるより、不満足な人間であるほうがよく、満足した馬鹿で
> あるよりも不満足なソクラテスであるほうがよい。
>
> *John Stuart Mill*

1. 窃盗非行の動向

　警察白書に定義される包括罪種には、①凶悪犯、②粗暴犯、③窃盗犯、
④知能犯、⑤風俗犯、⑥その他の刑法犯がある。このうち、窃盗犯の下位
分類には、窃盗犯だけが含まれている。本章で扱う窃盗少年も、まさに窃盗
を中心とした一群であり、家庭からの金銭持出などは親族相盗例に当たる
ため除外している。

　21 世紀に入ってから、警察が認知している窃盗の件数を Figure 8-1 に示
した。

　認知件数としては、非行罪種のなかで常に最多ではあるものの、全体的
に総数は減少していることが読み取れる。この傾向は触法少年にも当ては
まっている。

　続いて、家庭裁判所に係属された少年事件について、窃盗事件の件数推
移を Figure 8-2 に示した。

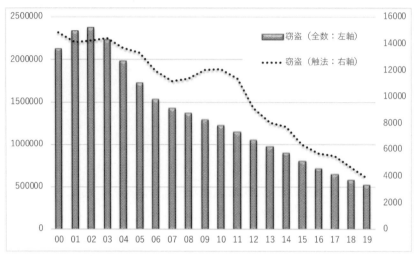

Figure 8-1　刑法犯認知件数に占める触法少年による窃盗罪の推移

認知件数は全数（左軸）、触法少年（右軸）、2000〜2019 年、時間の単位は年度（4〜3 月）ではなく年（1〜12 月）、『警察白書』より作成（https://www.npa.go.jp/）

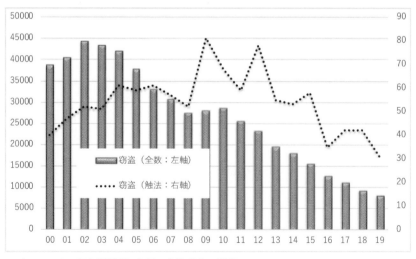

Figure 8-2　家庭裁判所における窃盗事件の推移

全数は終局総人員（左軸）、14 歳未満は、終局総人員中の内数（右軸）、2000〜2019 年、時間の単位は年度（4〜3 月）、裁判所の司法統計「一般保護事件の終局人員　非行別行為時年齢別」より作成（http://www.courts.go.jp/app/sihotokei_jp/search）

　全数としては減少しているものの、そもそもの件数が少なかったことも
あり、触法少年に限っては横ばい傾向である。

　さらに、少年鑑別所に収容される窃盗事件の件数推移について示したの
が Figure 8-3 である。

　窃盗罪の全数は減少しており、触法少年に限っても同様の減少傾向にあ
る。なお、窃盗事件については、少年鑑別所と家庭裁判所との相関関係が
確認できる。

　刑法犯認知件数、家庭裁判所の司法統計、少年鑑別所の少年矯正統計、
いずれの統計値を確認しても、全体に占める触法少年の比率は小さい。し
かしながら、やはり窃盗罪はすべての非行罪種のなかで最多であり、触法
少年に限っても例外ではない。ただし、触法少年を取り扱う児童相談所で
は、家庭の外で行われる窃盗と家庭内で生じる金銭持出のケースに対して、
それほど大きな違いがあるわけではない。「お金」に絡んだ問題行動の相談

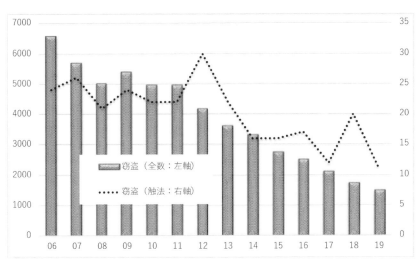

Figure 8-3　少年鑑別所の新収容者に占める窃盗少年の推移

新収容者総数は当該年度に新たに収容した少年（左軸）、14歳未満は総数に占める内数（右軸）、
2006〜2019年、時間の単位は年度（4〜3月）、法務省の少年矯正統計「新収容者の非行名別　年
齢」より作成（http://www.moj.go.jp/housei/toukei/toukei_ichiran_shonen-kyosei.html）

を受付けることは珍しくないのである。それが、性格行動相談という名称になるのか、虞犯相談に分類されるのか、警察からの通告を根拠に触法相談とするのか、明確な線引きは難しいのが実態である。

2. 窃盗非行の先行研究

　窃盗を含めた金銭犯罪や金銭非行は「犯罪学の退屈な昼休み」と揶揄されてきた。なぜなら、「お金が欲しかった」から窃盗に及んだという短絡的な説明が最も説得力を持っていたからである。古くから、窃盗を含めた金銭非行は少年の経済的状態と関連があると指摘されてきた。1977－1980年の FBI データを分析した Allan and Steffensmeier（1989）によると、少年では職に就いているか、青年では仕事の給料が高いか、ということが金銭犯罪での逮捕歴と関連していた。

　近年では、個人的な特性に焦点を当てた研究も散見される。保護者の育て方が非行に及ぼす影響に対して、少年の持つ倫理観は、どの程度抑止効果を発揮できるのか、Ishoy（2017）による調査が報告されている。暴力非行に対しては、倫理観による媒介効果がなかった一方で、保護者の敵意的な育て方に倫理観の欠如が加わると金銭非行のリスクは増加していた。すなわち、交互作用が認められたのである。韓国で保護者による虐待と少年374 人の窃盗との関係を調べた Hong, Han, and Lee（2014）によると、父親からの身体的虐待に母親からのネグレクトが重なると、少年が窃盗に及ぶリスクは高くなっていた。サイコパス傾向と女子非行との関連を調べるために Vaughn, Newhill, DeLisi, Beaver, and Howard（2008）は、94 人の非行少年に調査を行っている。サイコパス特性のうち、自己愛ならびに無計画性が暴力および金銭の非行に関連していた。社会学的な観点から、個人特性としての IQ ではなく、地域特性としての IQ を調べた研究がある。Beaver and Wright（2011）によると、アメリカにある 243 の郡を単位とした平均IQ と郡における金銭犯罪の発生率との間には、小さくない相関が確認され

ている。

　知能プロフィールに関して、言語性 IQ の高低で非行少年 256 人を分類
した Walsh（1987）は、言語性 IQ は暴力犯罪とは負の相関を示したが、財
産犯罪とは正の相関があったと報告している。窃盗のように計画性が必要
な非行に対しては、高い言語性 IQ が必要となる場合もあることが考察さ
れている。このように窃盗は、あまり心理学的な特性が調べられておらず、
調査知見に乏しい非行罪種である。したがって、本章で取り組む知能プロ
ファイリングの知見も窃盗の基礎的な分析として価値を有するものと考え
られる。

3．窃盗少年のデータ

　本章では、第 V 章で使用したデータセットから、窃盗少年の WISC-IV
データを抽出して分析した。分析に用いたデータは男児 72 名、女児 25 名
であり、年齢は *M*=13.5、*SD*=1.2、*Md*=13.8 であった。窃盗少年の WISC-
IV に関するヒストグラムを Figure 8-4 に示した。

　本章でも SAGC を用いて第 V 章と同様に分析を進めた。窃盗少年の
WISC-IV データセットからリサンプリングにより反復計算した結果を
Figure 8-5 に示した。

　窃盗群の FIQ は 95％区間にして、81.1−85.9 であり、平均値の平均は
83.5、標準偏差の平均は 12.2 であったため、統制群のデータセットにおけ
る IQ 範囲も平均が 83.5、標準偏差が 12.2 となるように指定して乱数を生
成した。

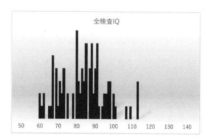

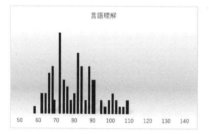

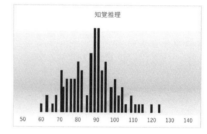

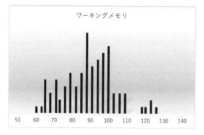

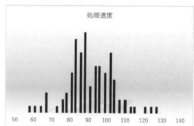

Figure 8-4　窃盗少年の WISC-IV データの分布
横軸は標準得点

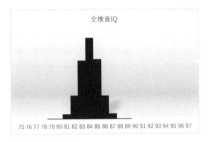

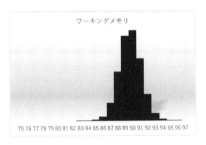

Figure 8-5　リサンプリング 50,000 回により得られた窃盗少年の WISC-IV データ
横軸は標準得点

4．窃盗少年の知能プロフィール

Table 8-1 に、50,000 回の反復計算によって得られた各指標と個人内差の分布に関する数値要約を示した。続いて、Table 8-2 に効果量と群間差の数値要約を示した。

Table 8-1　リサンプリング 50,000 回によって得られた分布の数値要約
　　　　　（窃盗少年の WISC-IV）

	窃盗群					統制群				
	M	SD	95%L	Md	95%H	M	SD	95%L	Md	95%H
言語理解	80.65	1.23	78.28	80.64	83.08	83.58	1.24	81.14	83.59	86.00
知覚推理	87.54	1.30	85.01	87.54	90.10	83.51	1.24	81.06	83.51	85.94
ワーキングメモリ	89.19	1.44	86.39	89.19	92.04	83.55	1.24	81.13	83.55	85.97
処理速度	91.05	1.28	88.56	91.05	93.59	83.55	1.24	81.10	83.56	85.99
Δ言語理解	-6.45	0.73	-7.90	-6.45	-5.03	0.03	0.80	-1.54	0.03	1.62
Δ知覚推理	0.43	0.78	-1.09	0.42	1.97	-0.04	0.78	-1.57	-0.04	1.48
Δワーキングメモリ	2.08	0.93	0.28	2.07	3.92	0.00	0.79	-1.56	0.00	1.56
Δ処理速度	3.94	0.96	2.07	3.94	5.85	0.00	0.94	-1.84	0.00	1.83

Table 8-2　50,000 回の反復計算による効果量と群間差の数値要約
　　　　　（窃盗少年の WISC-IV）

	効果量（Cohen d)					群間差				
	M	SD	95%L	Md	95%H	M	SD	95%L	Md	95%H
言語理解	0.12	0.07	0.01	0.12	0.27	-2.93	1.74	-6.31	-2.93	0.48
知覚推理	0.16	0.07	0.03	0.16	0.30	4.03	1.79	0.53	4.02	7.57
ワーキングメモリ	0.21	0.07	0.07	0.21	0.36	5.64	1.91	1.90	5.64	9.40
処理速度	0.30	0.07	0.16	0.30	0.45	7.50	1.79	4.00	7.51	10.99
Δ言語理解	0.43	0.07	0.29	0.43	0.58	-6.49	1.09	-8.63	-6.48	-4.35
Δ知覚推理	0.06	0.05	0.00	0.05	0.18	0.47	1.10	-1.68	0.46	2.65
Δワーキングメモリ	0.12	0.07	0.01	0.12	0.26	2.08	1.23	-0.31	2.08	4.47
Δ処理速度	0.21	0.07	0.07	0.21	0.35	3.94	1.34	1.31	3.94	6.56

　Table 8-1 から明らかなように、窃盗群の WISC-IV プロフィールとしては、VCI の低さが特徴であり、測定値ならびに個人内差としても顕著であった。ただし、Table 8-2 に見るように、測定値としては WMI と PSI に相対的に高めの効果量があり、個人内差としては、ΔVCI で相対的に最も高い効果量が得られた。

　Figure 8-6 に指標ごとの確率分布の推移を示した。さらに、個人内差を群間で比較した結果を Figure 8-7 に示した。

　群間差が、±5 ポイント以内に入る頻度確率は、測定値としての VCI で 88％、PRI で 71％、WMI で 37％、PSI で 8％であり、個人内差では、ΔVCI で 8％、ΔPRI で 100％、ΔWMI で 99％、ΔPSI で 78％であった。

　窃盗群の指標得点が 5 ポイント以上低い頻度確率は、測定値としての VCI で 12％、個人内差としての ΔVCI で 92％であり、それ以外はすべて 0％であった。逆に、5 ポイント以上高い頻度確率は、測定値としての

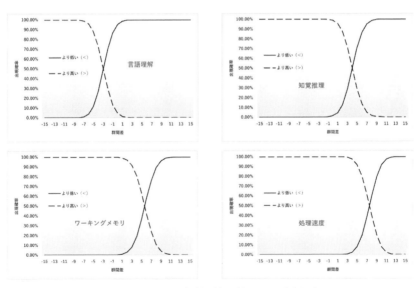

Figure 8-6　指標得点ごとの群間差（測定値）が得られる確率分布
　　　　　　（窃盗少年の WISC-IV）

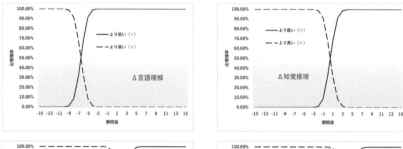

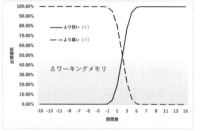
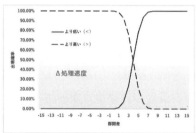

Figure 8-7　指標得点ごとの群間差（個人内差）が得られる確率分布
（窃盗少年の WISC-IV）

VCI で 0％、PRI で 29％、WMI で 63％、PSI で 92％、個人内差としては、
ΔPSI で 22％であったが、他は 1％未満であった。

　以上の結果から、窃盗少年の WISC-IV プロフィールとしては、ΔVCI が
低く、PSI が高かった。ただし、2/3 SD に当たる 10 ポイント以上も ΔVCI
が低い頻度確率は 1％未満であり、PSI が高い頻度確率も 10 ポイント以上
になると 8％しかなかった。

５．窃盗少年の追加補足分析

　本章でも、第Ⅴ章の追加補足分析で使用したデータセットから、窃盗
少年の WISC-III データだけを抽出して分析した。分析に用いたデータは
男児 50 名、女児 22 名であり、年齢は M=13.0、SD=1.4、Md=13.4 であっ
た。本章のシミュレーションでは、FIQ に関して平均値の 95％区間は 80.0

−85.2 であり、*M*=82.6、*SD*=11.2 であった。分析結果として、数値要約を
Table 8-3 と 8-4、確率分布を Figure 8-8 と 8-9 に示した。

　Table 8-3 から、窃盗群の WISC-Ⅲ プロフィールは VCI を除いて全般的
に統制群よりも高くなっていることが読み取れる。ただし、個人内差として
は、ΔPSI が高く ΔVCI が低いというプロフィール特徴であった。Table 8-4
で統制群との差異を分析すると、POI、FDI、PSI の測定値が窃盗群で高

Table 8-3　リサンプリング 50,000 回によって得られた分布の数値要約
（窃盗少年の WISC-Ⅲ）

	窃盗群					統制群				
	M	*SD*	*95%L*	*Md*	*95%H*	*M*	*SD*	*95%L*	*Md*	*95%H*
言語理解	82.87	1.38	80.19	82.86	85.60	82.62	1.31	80.06	82.61	85.21
知覚統合	87.26	1.41	84.47	87.28	90.00	82.64	1.32	80.06	82.64	85.24
注意記憶	88.14	1.29	85.61	88.13	90.68	82.66	1.31	80.10	82.65	85.25
処理速度	90.34	1.54	87.24	90.36	93.31	82.62	1.33	80.03	82.63	85.19
Δ言語理解	-4.28	0.93	-6.08	-4.28	-2.45	-0.02	0.77	-1.52	-0.02	1.49
Δ知覚統合	0.11	0.87	-1.60	0.11	1.83	0.01	0.78	-1.52	0.01	1.53
Δ注意記憶	0.98	0.94	-0.86	0.98	2.83	0.02	0.80	-1.54	0.02	1.60
Δ処理速度	3.19	0.95	1.31	3.18	5.06	-0.01	0.89	-1.75	-0.01	1.73

Table 8-4　50,000 回の反復計算による効果量と群間差の数値要約
（窃盗少年の WISC-Ⅲ）

	効果量（Cohen d）					群間差				
	M	*SD*	*95%L*	*Md*	*95%H*	*M*	*SD*	*95%L*	*Md*	*95%H*
言語理解	0.07	0.05	0.00	0.06	0.19	0.26	1.91	-3.49	0.26	4.00
知覚統合	0.20	0.08	0.04	0.20	0.37	4.62	1.93	0.82	4.63	8.39
注意記憶	0.25	0.08	0.09	0.25	0.41	5.48	1.84	1.88	5.49	9.11
処理速度	0.32	0.09	0.15	0.32	0.51	7.71	2.03	3.69	7.74	11.64
Δ言語理解	0.30	0.09	0.13	0.29	0.47	-4.26	1.21	-6.64	-4.27	-1.88
Δ知覚統合	0.07	0.05	0.00	0.06	0.19	0.10	1.17	-2.20	0.10	2.41
Δ注意記憶	0.09	0.06	0.00	0.08	0.23	0.96	1.24	-1.43	0.97	3.40
Δ処理速度	0.21	0.08	0.04	0.21	0.37	3.20	1.30	0.63	3.20	5.73

く、個人内差としては、ΔVCI が低く ΔPSI が高いというプロフィールで
あった。

　群間差が ±5 ポイント以内に入る頻度確率は、測定値では、VCI で 99％、
POI で 58％、FDI で 40％、PSI で 9％であり、個人内差では、ΔVCI で
73％、ΔPOI と ΔFDI で 100％、ΔPSI で 92％であった。窃盗群が 5 ポイ
ント以上低い頻度確率は、最も高い ΔVCI でも 27％であり、逆に 5 ポイ
ント以上高い頻度確率は、VCI で 1％、POI で 42％、FDI で 60％、PSI で
91％、個人内差としては、ΔPSI で 8％であり、他は 1％未満であった。

　以上の WISC-III プロフィールから、窃盗少年は平均すると PSI が統制群
よりも高いという特徴があるものの、やはり、FIQ を構成しない下位検査
により、統制群の生成において、相対的なプロフィールの高さが現出して
いる可能性は否めなかった。暴力少年、性非行少年と同様の傾向を示した
ことから、本研究では追加補足のために分析を試みたが、WISC-III のデー
タは、やはり SAGC による知能プロファイリングには適していなかったも
のと判断できる。

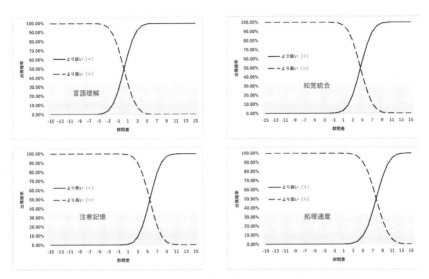

Figure 8-8　群指数ごとの群間差（測定値）が得られる確率分布（窃盗少年の
　　　　　　WISC-III）

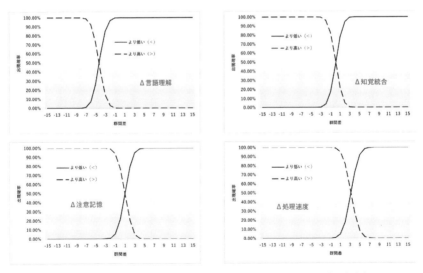

Figure 8-9　群指数ごとの群間差（個人内差）が得られる確率分布（窃盗少年の
　　　　　　WISC-III）

Cognitive profiling of Juveniles under
14 years of age alleged to have violated
any Criminal Law or Ordinance

IX 章
総合考察

神はサイコロを振らない。

Albert Einstein

1. 触法少年の知能プロファイリング

　第 VI－VIII 章では、児童相談所で WISC-IV を受検した触法少年の知能プロフィールを描き出した。暴力少年、性非行少年、窃盗少年、それぞれのデータ数は決して多くなかったが、共通点と相違点が浮き彫りとなった。Table 9-1 に WISC-IV、Table 9-2 に WISC-III の知能プロフィールを、暴力少年、性非行少年、窃盗少年ごとに示した。

■ 言語能力（Gc）の低さ

　WISC-IV ならびに WISC-III の知能プロフィールに共通して最も頑健であったのは、4 つの指標得点ないしは群指数のブートストラップ平均のうち、言語理解（VCI）が最も低かったことである。個人内差の結果も同様であった。Isen（2010）がメタ分析によりエビデンスを報告しているとおり、成人犯罪者や年長の犯罪少年に限らず、年少の触法少年であっても理解言語（Gc）の低さは罪種を問わず普遍的な特徴であると考えられる。ただし、

従来の知見はほとんどの場合に有意性検定を使用して、0 ではない差があることを示していたに過ぎない。本研究が示した知見はさらに一歩踏み込んでいる。

Table 9-1 と 9-2 を確認すると、確かにいずれの非行罪種でもテスト結果である測定値としての VCI は相対的に低かった。しかし、IQ を同程度に設定した統制群との間に、どの程度の群間差があるのかについて、リサンプリングを用いて調べたところ、WISC-IV を受検した 3 つの非行罪種において、およそ 7-9 割の頻度確率で ±5 ポイント以内の差異でしかなかった。

Table 9-1　触法少年の WISC-IV 知能プロフィール

	VCI	PRI	WMI	PSI	△ VCI	△ PRI	△ WMI	△ PSI
暴力少年：$n=67$　年齢 $=13.0$　FIQ $=82.5$								
M	79.2	88.9	85.5	91.2	-7.0	2.7	-0.7	5.0
95%区間	76.5、82.0	85.6、92.2	82.6、88.2	88.2、94.4	-8.9、-5.0	0.5、4.8	-2.6、1.2	2.7、7.5
−5～＋5	80.4	26.7	85.6	3.8	6.6	95.0	99.9	50.6
−5＞	19.3	0.0	0.0	0.0	93.3	0.0	0.1	0.0
＋5＜	0.0	73.1	14.2	96.1	0.0	5.0	0.0	49.3
性非行少年：$n=30$　年齢 $=13.7$　FIQ $=85.0$								
M	82.0	88.9	89.1	92.5	-6.1	0.8	1.0	4.4
95%区間	77.7、86.3	83.4、94.5	83.8、94.4	87.0、98.2	-8.8、-3.6	-1.9、3.5	-2.1、4.1	0.8、7.9
−5～＋5	69.9	60.3	58.2	26.4	29.0	97.0	95.1	59.2
−5＞	28.9	1.0	0.8	0.1	70.8	0.3	0.5	0.0
＋5＜	0.8	38.3	40.6	73.3	0.0	2.6	4.3	40.7
窃盗少年：$n=97$　年齢 $=13.5$　FIQ $=83.5$								
M	80.7	87.5	89.2	91.1	-6.5	0.4	2.1	3.9
95%区間	78.3、83.1	85.0、90.1	86.4、92.0	88.6、93.6	-7.9、-5.0	-1.1、2.0	0.3、3.9	2.1、5.9
−5～＋5	88.2	70.6	37.0	8.2	8.5	100.0	99.2	78.3
−5＞	11.7	0.0	0.0	0.0	91.5	0.0	0.0	0.0
＋5＜	0.0	29.2	62.8	91.7	0.0	0.0	0.8	21.6

※ M…50,000 回のブートストラップ平均、95%区間…50,000 回のブートストラップによる 2.5%点と 97.5%点、−5 ～ ＋5…統制群との群間差が ±5 ポイント以内に入る頻度確率、−5＞…統制群との群間差が 5 ポイント以上低い頻度確率、＋5＜…統制群との群間差が 5 ポイント以上高い頻度確率

WISC-Ⅲ による評価では性非行少年で 5 割強、暴力少年と窃盗少年では約 9 割以上の頻度確率でやはり ±5 ポイント以内の差異しか得られなかった。Wechsler 式知能テストの標準得点は、M=100、SD=15 に換算されるため、±5 ポイント以内の差異とは、すなわち標準偏差にして 3 分の 1 以内の違いしかないということである。この程度の相違が犯罪心理学的に重要とは考えにくい。ただし、個人内差として見た場合、言語理解（ΔVCI）の低さは無視できないプロフィール特徴であった。

　WISC-Ⅳ における 4 つの指標得点について、平均値からの偏差である個

Table 9-2　触法少年の WISC-Ⅲ 知能プロフィール

	VCI	POI	FDI	PSI	Δ VCI	Δ POI	Δ FDI	Δ PSI
暴力少年：n = 50　年齢 = 13.4　FIQ = 81.5								
M	83.1	84.4	89.5	89.3	-3.5	-2.2	2.9	2.7
95%区間	79.3、87.0	80.6、88.2	85.8、93.4	85.4、93.3	-5.3、-1.5	-4.6、0.2	0.6、5.4	0.0、5.4
－ 5 ～ ＋ 5	88.4	78.0	14.1	16.1	85.0	95.4	89.2	88.3
－ 5 ＞	0.8	0.2	0.0	0.0	14.9	4.6	0.0	0.0
＋ 5 ＜	10.6	21.6	85.8	83.7	0.0	0.0	10.8	11.6
性非行少年：n = 38　年齢 = 13.1　FIQ = 81.5								
M	86.2	88.6	91.0	91.7	-3.2	-0.8	1.6	2.3
95%区間	81.7、90.7	84.2、92.8	86.3、95.9	87.0、96.1	-5.6、-0.8	-3.4、1.8	-1.0、4.5	-0.3、5.1
－ 5 ～ ＋ 5	53.2	25.4	8.5	5.0	85.9	98.9	96.3	90.9
－ 5 ＞	0.1	0.0	0.0	0.0	14.0	1.0	0.0	0.0
＋ 5 ＜	46.3	74.4	91.4	94.9	0.0	0.1	3.7	9.1
窃盗少年：n = 72　年齢 = 13.0　FIQ = 82.6								
M	82.9	87.3	88.1	90.3	-4.3	0.1	1.0	3.2
95%区間	80.2、85.6	84.5、90.0	85.6、90.7	87.2、93.3	-6.1、-2.5	-1.6、1.8	-0.9、2.8	1.3、5.1
－ 5 ～ ＋ 5	99.0	57.6	39.5	9.1	73.2	100.0	99.9	91.8
－ 5 ＞	0.3	0.0	0.0	0.0	26.7	0.0	0.0	0.0
＋ 5 ＜	0.7	42.1	60.2	90.7	0.0	0.0	0.1	8.2

※ M…50,000 回のブートストラップ平均、95%区間…50,000 回のブートストラップによる 2.5%点と
　97.5%点、－ 5 ～ ＋ 5…統制群との群間差が ±5 ポイント以内に入る頻度確率、－ 5 ＞…統制群との
　群間差が 5 ポイント以上低い頻度確率、＋ 5 ＜…統制群との群間差が 5 ポイント以上高い頻度確率

人内差を分析した結果から（Table 9-1）、統制群との群間差として5ポイント以上低い頻度確率は、性非行少年で7割程度であったが、暴力少年と窃盗少年では9割を超えていた。つまり、個人内差を群間で比較すると、標準偏差にして3分の1以上、ΔVCIが低いというプロフィールが得られる可能性は高いといえる。ここに非行罪種を超えた触法少年の知能プロフィール特徴が確認できる。

　ただし、WISC-IIIでは事情が少し異なっていた。同じ観点で比較すると、ΔVCIが統制群より5ポイント以上低い頻度確率は、高い場合で3割に届かなかった。この結果はすでに第VI－VIII章でも考察したとおり、WISC-IIIのFIQを構成する基本検査の配合割合が異なるためと考えられる。Table 9-1と9-2を比較すると、このことが容易に理解できる。WISC-IVを分析したTable 9-1を見ると、暴力少年、性非行少年、窃盗少年のFIQは4つの指標得点の最高値から最低値の範囲にある。しかしながらWISC-IIIでは、3つの非行罪種のいずれにおいても、4つの群指数よりFIQの方が低い結果となった。FIQを算出するために必要なWISC-IVの基本検査は、VCIとPRIから3つずつ、WMIとPSIから2つずつ、合計10の下位検査によって構成されている。他方、WISC-IIIでは、VCIとPOIから4つずつ、FDIとPSIからは1つずつの構成である。FDIとPSIは各々2つの下位検査から算出されるため、この両群指数の50%がFIQと独立した変動を示すのである。その結果、4つの群指数の最高値と最低値の範囲にFIQが入らなかった可能性が強く推察される。

■ 処理速度（Gs）の高さ

　WISC-IIIに関して4つの群指数の範囲からFIQが逸脱する可能性はあるにしても、触法少年のFIQはどの非行罪種でも低かった（Table 9-2）。裏を返せば、FDIとPSIが高かったためにFIQが低くなり、乱数生成により構成した統制群の群指数は全般的に低められたのである。なかでも、PSIは高く、WISC-IIIだけでなく、WISC-IVでも同様の傾向が確認されたため、

WISC-III における FIQ の構成に係る問題というよりは、触法少年の知能プロフィール特徴と考えることができる。

　PSI に関して、統制群との群間差が 5 ポイント以上高い頻度確率は、WISC-IV と WISC-III を通して、約 7−9 割を超えていた。すなわち、IQ を同程度に設定した統制群よりも標準偏差にして 3 分の 1 以上、触法少年の処理速度（Gs）は高いのである。ただし、VCI とは異なり、ΔPSI を評価すると、WISC-IV ではおよそ 5−8 割の頻度確率で ±5 ポイント以内の差異しかなく、WISC-III に至ってはほとんど 9 割に達する頻度確率となった。つまり、ある 1 人の触法少年に知能テストを実施しても、その少年の他の能力に比較して Gs が優れているとはいえないのである。そうではなく、暴力少年、性非行少年、窃盗少年といった非行罪種に関係なく、触法少年一般と同程度の IQ を持つ統制群とを比較するならば、集団全体として、Gs に関係する能力の得点は高くなるものと解釈できる。個々人については判断できないものの、Gs の高い少年が多いのか、はたまた、極端に Gs に優れた少年が存在するのか、いずれにしても、Gs の高さは触法少年全体としての知能プロフィール特徴である。ただし、プロフィール特徴とは、相対的な能力得点の高低であるため、間違いではないものの、触法少年の PSI は、WISC-IV でも WISC-III でもリサンプリングによる 95％区間の上限が 100 に届いていない。つまり、Gs の高さはあくまでも相対的な特徴であり、一般児童と比較すれば、決して「優れて」いるわけではないことに留意が必要である。

■ 非行罪種間の相違

　個人内差としての理解言語（Gc）の低さ、測定値としての処理速度（Gs）の相対的な高さは、触法少年に共通した知能プロフィールであった。続いては、暴力少年、性非行少年、窃盗少年という 3 つの非行罪種間の相違について考察する。

　Table 9-1 を詳細に確認すると、暴力少年および窃盗少年とは異なる性非

行少年の WISC-IV プロフィール特徴が読み取れる。性非行少年では、3 つ
の非行罪種に共通して見られた、①個人内差としての Gc の低さ、および
②測定値としての Gs の高さが、リサンプリングによって観測される頻度確
率もやや低く、いずれも 7 割程度であった。このことから、暴力少年や窃
盗少年に比較すると、性非行少年は知能プロフィールに顕著な特徴を持つ
触法群ではない可能性が考えられる。ただし、WISC-III を分析した Table
9-2 では同様の結果が得られておらず、非行罪種と知能テストに交互作用
があるものと考えられる。

　一方、暴力少年と窃盗少年は似通った知能プロフィールであった。ただ
し、仔細に分析すると、PRI と WMI の特徴が両群では逆転していた。暴
力少年では、PRI が 5 ポイント以上、統制群より高い頻度確率が 7 割を超
えていたのに対して、窃盗少年では、WMI が 5 ポイント以上高い頻度確
率が 6 割を超えていた。しかしながら、この傾向も WISC-III では再現さ
れておらず、非行罪種と知能テスト間の交互作用を示唆している。

■ 臨床的示唆

　WISC-III との比較——SAGC の結果から、WISC-IV と WISC-III の違
いに精通しておくことが臨床的に有意義と考えられる。本研究では、プ
ロフィール分析として、WISC-IV の指標得点、WISC-III の群指数を標的
とした。因子分析に基づく、指標得点や群指数を臨床における解釈の基礎
とすることは、第 4 版以降、Wechsler 式知能テストの定石となっている
(Wechsler, 2003 a；日本版 WISC-IV 刊行委員会、2010 a)。しかし、WISC-
III の時代にはかつての言語性 IQ と動作性 IQ が使用されていた。言語性
IQ と動作性 IQ には、複数の因子が混濁しており、臨床における解釈を困
難なものにしていた。たとえば、言語性 IQ は「言葉を扱う力」と一括りに
して説明されることも多かったが、実際は FDI で測定されていた聴覚短期
記憶や数的処理能力を内包した指標であった。動作性 IQ はさらに解釈困
難であり、検査課題に対して「手指による動作を伴う」能力のように説明

されたり、それでは意味が通じにくいと「非言語性」の能力であると言われたりしていた。実際、言語性の課題を抜いた残りないしは「その他」という構成でもあったが、【絵画配列】のように、頭のなかでは言語的に時間順序や因果関係を推測しながら取り組む下位検査も含まれていた。要するに、後発の WISC-IV に比較すれば、検査構造として未成熟な部分を残していたと考えられる。

　今回の追加補足分析では WISC-III を対象としたことにより、WISC-IV の知能プロフィールを評価するうえで参考になる対照知見が得られた。Isen（2010）のメタ分析は WISC-III までの研究を対象としており、「P＞V」という犯罪心理学では著名なプロフィールのエビデンスを報告しているが、第4版以降のマニュアルに記載されているとおり、現代の Wechsler 式知能テストを解釈するならば、因子分析に基づく指標得点を用いなければならない（Wechsler, 2003a；日本版 WISC-IV 刊行委員会、2010a）。その意味では、過去の WISC-III に遡って触法少年の知能プロフィールを分析したことにより、検査構造の違いがこれまでの知見を産出してきた可能性を指摘できたことは重要である。

　特に、WISC-IV のマニュアルでは、従来の言語性 IQ の代替として VCI、動作性 IQ に代わって PRI を用いることが推奨されている（Wechsler, 2003a；日本版 WISC-IV 刊行委員会、2010a）。このこと自体が間違っているか正しいかではなく、少なくとも触法少年に限れば、SAGC の分析結果により、連綿と確認されてきた「P＞V」のプロフィールに新たな意味を付与できる可能性がある。歴史的に「動作性優位」と呼ばれつつも、説明の際には動作性 IQ の高さに注目されることは少なく、むしろ言語性 IQ の低さに焦点が当てられてきたこのプロフィールは「言語性劣位」と読むのが正しい。一方で、相対的に高かった動作性 IQ が表していたものは何だったのか。SAGC の分析結果に基づけば、それは PRI に反映される Gv や Gf ではなく、むしろ PSI に代表される Gs であった。すなわち、触法少年の知能プロフィールとしては、処理速度 Gs の相対的な高さも特徴だったの

である。

処理速度の相対的な高さ——触法少年で Gs が高い理由は何だろうか。WISC-IV と WISC-III では【符号】と【記号探し】によって PSI が構成されている。いずれも、鉛筆を片手にワークシートに記載された記号を視覚的に探査し、課題に則した連合形成に基づき模写する、あるいは、異同識別に基づく標的刺激の有無を選択する下位検査である。これらの下位検査は、正誤に加えて制限時間に基づく速度得点が加味されるように作成されている。したがって、感覚モダリティとしては視覚、反応形態としては手の動作を協応させて課題に取り組む必要がある。そこには、正確さだけでなく素早さが求められているのである。

本研究で分析した触法少年は、決して PSI が一般児童に比較して高い、つまり素早いわけではない。標準得点は 100 に届いていないのである。このことから、触法少年は IQ が同程度の子どもと比較した場合、素早さに特徴のある知的能力を持っていると考えるのが妥当である。あくまでも 1 つの解釈に過ぎないが、知的課題に取り組む際、熟考することが苦手な触法少年は、単純作業に限れば、素早くたくさんの量をこなすことが得意なのかもしれない。意思決定を反映する Gt と異なり、Gs は複雑な思考判断を含まない速度因子である。そのため、同時に考えなければならない情報がいくつもある場合に発揮されるとは限らないものの、比較的簡単な判断に基づき反応すれば済む課題では、相対的に素早く正確な成果を出すことができるのかもしれない。裏を返せば、熟考しなければならない場面であっても、複雑な思考により中長期的な損得を勘定せず、物事を単純化し、短絡的に反応してしまうところに臨床的な問題性が隠れている可能性がある。この観点から、触法少年のように低年齢の児童を対象に非行臨床に挑むならば、単純な思考を抑制し、少しでも熟考できる認知的構えを形成するための治療教育が 1 つの目標になると考えることもできる。

言語理解の相対的な低さ——低年齢とはいえども、触法少年にも Gc の相対的な低さが確認された。Gc が低いこと、とりわけ、個人内差としての

言語能力が低いことは、非行少年だけでなく成人の犯罪者にも観察されてきたエビデンスである（Isen, 2010）。この頑健な知見は、14 歳未満の触法少年にも同様の傾向として認められている。たとえば、少年非行と言語能力の関係性について、縦断的調査からメカニズムを明らかにした研究がある。知的発達を 3−17 歳まで追跡した Raine, Yaralian, Reynolds, Venables, and Mednick（2002）の縦断的調査では、3−8 歳までに非行を示した児童の言語能力は 3 歳時点の測定では落ち込んでおらず、むしろ統制群に比較して空間能力の方が低かった。ところが、11 歳までに言語能力が低下し続け、最終的に空間能力と同程度の水準に達し、どちらの能力とも統制群より低くなっていた。こうした知見に鑑みると、学校適応、とりわけ、学力との関係性を無視することはできない。たとえば、Gc をつかさどる WISC-Ⅳ の VCI は学力との相関も高い。知能プロフィールとして検出されたのが、認知能力の 1 つである言語能力ではなく、単純に学力の低さであった可能性も考えられる。

　学校での適応にとって、学力の及ぼす影響がそれほど大きくなかった幼少期には、大した困難に見舞われることなく過ごしていた児童も、次第に勉強がわからなくなり、学力が低下すると、少しずつ学校不適応が生じ始める。そうしたなか、不良仲間との出遭いがあると、仲間集団で受容される体験を通して非行化が進む可能性は高い。結果的に、学業から遠ざかることで、益々学力は低下する。14 歳未満の触法少年であっても、すでに小学校高学年から中学生にかけて低学力は深刻な問題となっており、臨床機関で WISC-Ⅳ を受検する頃には、Gc を反映する VCI で高い成績を収めることができなくなっていても不思議ではない。ただしこれは、あくまでも個人内の生育歴に基づく仮説であり、本研究で明らかとなった Gc の低さだけから、こうしたメカニズム、特に時系列での因果関係を推測するのは論理的に飛躍がある。しかしながら、第Ⅱ章で概観した数多の知見は、非行少年の学力が低いことを実証し続けており、そうした先行研究と本研究で得られた知見および上記仮説は矛盾しない。

非行罪種——① ΔVCI の低さ、② PSI の相対的な高さは、3 つの罪種で共通していた。この 2 つの分析結果に比較すると、知能プロフィールに関してリサンプリングから計数された頻度確率は低かったものの、他にもいくつかの特徴が示唆された。

　1 つ目は、性非行少年に顕著な知能プロフィールが見られなかったことである。従来の非行少年に係る知能プロファイリングでは、その多くが暴力非行を中心に据えてきた。性非行への関心は決して低くはなかったが、典型的な非行少年の知能研究において主たる対象ではなかった。そこから考えると、性非行に手を染める少年、とりわけ触法少年の年齢である 14 歳未満の児童には、際立った知能特徴はないのかもしれない。この知見は臨床的にむしろ有意義である。なぜなら、知能プロフィールに描き出されるような知的能力の特異的な性質が、児童を性非行へと導くわけではないことを物語っている可能性があるからである。すなわち、性非行少年に対する心理的アセスメントでは、知的能力以外の要因を詳細に分析することが優先されるべきと考えられる。

　2 つ目に、暴力少年の測定値において PRI の高さがうかがえたことである。3 つの非行罪種に共通していた PSI の相対的な高さから、WISC-III までに繰り返し確認されてきた「P > V」の意味を考察した。しかしながら、先行知見において主たる罪種であった暴力非行に焦点化すれば、視覚処理（Gv）や流動性推理（Gf）など、かつては動作性 IQ の要素と捉えられてきた広範的能力にも知能プロフィール特徴があるのかもしれない。そう考えると、従来、臨床の現場で語り継がれてきた暴力少年に対する仮説を棄却することを一旦留保できる。その仮説とは次のようなメカニズムである。

　暴力少年は、「P > V」を示し、相対的に弱い言語能力ゆえに、他者と衝突した際、言葉での応戦、すなわち口論になると負けてしまう。そこで、暴力少年は、相対的に得意な動作による反応、すなわち、拳を振るうことによって対人関係の問題を解決しようとする。その結果、「P > V」が強化されるという仮説である。ただし、この臨床的なナラティヴには実証的証

拠がない。しかも、知能理論の CHC モデルが導入される以前の仮説である。本研究の分析結果は、あくまでも WISC-IV における PRI の高さを示唆するものである。すなわち、Gv ないしは Gf に関する相対的な高さである。知能が同程度の相手と比較すれば、目で見て捉えた事態や状況を推理する能力が高いとして、そのことが直接的に暴力の発生を説明できるわけではない。つまりこの知見から、暴力非行の発生メカニズムを考察することは難しいのである。むしろ、暴力少年、とりわけ低年齢の児童を対象にした治療教育を実践するうえで、Gv ないしは Gf に依拠した方法が適している可能性を示すものと捉える方が有益である。

　3つ目は、窃盗少年に WMI の相対的な高さがうかがえたことである。ただし、この分析結果は、従来の臨床仮説と適合しない。窃盗少年は、周囲の状況を判断し、店員や所有者の隙を狙って商品や持ち物を盗む才に長けているというのが、臨床的なナラティヴである。この仮説において、窃盗少年には知能プロフィール上、PRI に反映されるような能力の高さが想定されている。ところが、本研究の分析結果は、PRI ではなく WMI の相対的な高さに特徴が表れていたのである。短期記憶（Gsm）の相対的な高さが、なぜ窃盗へと児童を駆り立てるのかを説明することは不可能である。したがって、先の暴力少年同様、この知見もまた、治療教育において有効活用すべき広範的能力を特定できたという程度に理解しておくことが妥当と考える。

2．本研究の方法論

　本書では、リサンプリングを用いた方法論 SAGC（Simulation Approach with Generated Control）を提案した。統制群を乱数生成し、そのデータセットからのランダムサンプリングによって反復抽出を実行する。触法群もブートストラップ法により反復抽出される。抽出のたびに比較された結果の分布から、リサンプリングに基づく頻度確率を計算し、最終的に知能プ

ロフィールが分析された。反復されたシミュレーションから、最も確率の高い結果を採用するというモンテカルロ法（伏見、2007）が援用されているのである。

　ここからは、従来型の仮説検定ならびに近年急速に心理学を含めた行動科学領域への浸透著しいベイズ統計と比較することで、SAGCの妥当性と限界を考察する。なお、分析に用いるデータは第Ⅴ章で使用した296名の触法群である。統制群が必要となる場合には、同じく第Ⅴ章で使用した統制群のデータセット50,000件から1回だけ無作為抽出した296件のデータを仮の統制群として扱うことにした。

■ 従来型の仮説検定との比較

　SAGCには2つの特色がある。1つは、統制群を乱数生成していることであり、もう1つは、リサンプリングにより比較を繰り返し、その結果の分布から頻度主義的な意味での確率を得ていることである。したがって、従来型の仮説検定と比較するのであれば、統制群の有無によって場合分けをする必要がある。

　統制群がない場合 —— 従来型の仮説検定を方法論として用いるならば、触法群296名のデータしか手元にない場合、可能な分析は1サンプルのt検定による基準値との比較である。しかしながら、点推定よりも区間推定を推奨する近年の推計学における傾向を加味すると、仮説検定はむしろ95%信頼区間が0を含むかどうかで判断することと等価であるため、触法群の知能プロフィールを区間推定した結果を算出することになる。Table 9-3に結果を示した。

　推定値はSAGCのブートストラップ法でも従来型の仮説検定でもほぼ同じである。小数点第2位に少しの差異が認められる程度であった。ただしTable 9-3では、比較対照のために、あえて統制群を用いない場合にSAGCで可能な分析の範囲（ブートストラップ標本の区間推定）を示した。実際のSAGCでは、統制群を用いた分析ができるため、得られる情報量は

Table 9-3　従来型の仮説検定との分析結果の比較（統制群のない場合）

	ブートストラップ法			従来型の仮説検定		
	M	95%L	95%H	*M*	95%L	95%H
VCI	81.58	80.18	82.97	81.57	80.17	82.98
PRI	89.02	87.49	90.57	89.02	87.48	90.57
WMI	88.51	87.00	90.02	88.51	87.01	90.01
PSI	91.85	90.34	93.40	91.85	90.32	93.38
△VCI	-6.16	-7.10	-5.23	-6.16	-7.10	-5.23
△PRI	1.28	0.38	2.20	1.28	0.37	2.20
△WMI	0.77	-0.28	1.83	0.77	-0.28	1.82
△PSI	4.11	2.99	5.25	4.11	2.98	5.25

※ ブートストラップ法は 50,000 回の分布から平均、2.5％、97.5％点を抽出、従来型の仮説検定で
は 296 名のデータにおける平均、標準偏差から標準誤差を算出し、95％信頼区間を算出

格段に多くなる。

　統制群がある場合——第 V 章で生成した統制群 50,000 件のデータセッ
トから、ランダムサンプリングにより 1 つのデータセットを抽出し、仮に
これを実際に調査して得られた統制群だとみなした場合に可能な分析結果
を示した。独立した 2 群に対する t 検定である。もちろん、知能プロフィー
ルの分析であるため、多変量分散分析で触法群と統制群の指標得点 4 つを
総合的に検定する方法は可能であるし、判別分析やロジスティック回帰分
析を用いて、指標得点から触法群と統制群を識別するモデルを実行するこ
ともできなくはない。ただし、いずれの多変量解析を行うにしても、最終
的には、4 つの指標得点の高低、すなわち、プロフィールを個別に比較分
析することになる。それゆえ、Table 9-4 では、最終的な分析結果となる独
立した 2 群の t 検定の結果のみを示した。
　独立した 2 群の t 検定では、群間差が 0 であるという帰無仮説を立て、そ
の仮定の下で今回の分析結果（群間差）以上の差異が得られる確率を p 値
として算出する。したがって、分析結果は当然ながら 0 か否かの判断とな
る。Table 9-4 が示したように、この基準に際して、有意水準を 5％と設定

Table 9-4　従来型の仮説検定との分析結果の比較（統制群を 1 つ無作為抽出）

	リサンプリング法			従来型の仮説検定	
	-5〜+5	-5 >	+5 <	t 値	p 値
VCI	0.98	0.02	0.00	2.68	0.01
PRI	0.65	0.00	0.35	3.59	0.00
WMI	0.82	0.00	0.18	4.13	0.00
PSI	0.01	0.00	0.99	7.58	0.00
Δ VCI	0.03	0.97	0.00	9.51	0.00
Δ PRI	1.00	0.00	0.00	0.68	0.50
Δ WMI	1.00	0.00	0.00	1.48	0.14
Δ PSI	0.87	0.00	0.13	6.04	0.00

※ リサンプリング法の数値は 50,000 回の比較に基づく頻度確率、－ 5 〜 ＋ 5…統制群との群間差が±5 ポイント以内に入る頻度確率、－ 5 >…統制群との群間差が 5 ポイント以上低い頻度確率、＋ 5 <…統制群との群間差が 5 ポイント以上高い頻度確率

すれば、ΔPRI および ΔWMI 以外はすべて有意差があったと結論できる。これは、群間差が 0 ではない、すなわち、無ではないから差が有ると考えているわけである。この考え方自体は間違っていないものの、得られる情報は差が「無い」か「有る」かの 2 択だけである。

　たとえば、VCI を確認すると、従来型の仮説検定では有意差があったと判断される。この結果に基づいて、触法群は測定値としての VCI が低く、P ＞ V プロフィールが再現されたという結論が導かれる。しかしながら、SAGC によれば、標準偏差にして 3 分の 1 に当たる 5 ポイント以上の差異が統制群との間で観測された頻度確率は 2％に過ぎない。つまり、±5 ポイント以内の群間差でしかない可能性が非常に高いのである。犯罪心理学的にこの程度の差は意味を成さない。それゆえ、触法群と同程度の IQ を持つ統制群との間で、測定値としての VCI には差はなく、過去に繰り返し観察されてきた P ＞ V プロフィールは再現されなかったとの結論に置き換わる。そのうえで、ΔVCI の結果から、触法群の P ＞ V プロフィールは個人内差としての Gc の弱さを表しており、同程度の IQ を持つ統制群と比較し

ても5ポイント以上低い頻度確率が97%もあったと記述できる。これとて、従来型の仮説検定では、ΔVCIにも有意差があったとしか主張できないのである。もちろん、近年では効果量を算出することが推奨されているため（波田野・吉田・岡田、2015）、d値を計算することで、もう少し差の程度に即した解釈も可能である。しかし、SAGCでも同じように効果量dを算出できるだけでなく、効果量dのシミュレーション頻度に基づく確率分布さえも入手できるため、「差の程度」に関してすら頻度確率という確信度に応じた判断を下すことができるのである。

　以上のように、従来型の仮説検定と比較すれば、SAGCの優位性は明らかであり、従来型の仮説検定に劣る点は、シミュレーションに要するコンピュータの計算時間以外に考えられない。

■ ベイズ統計分析との比較

　従来型の仮説検定に対しての優位性は確認したものの、近年、ベイズ統計の再発見に伴い、ベイズ統計による分析が推奨され始めている（豊田、2016、2017、2020）。この手法では、SAGCとは異なり、頻度主義に基づく客観確率ではなく、事前確率からベイズの定理を経て算出される事後確率に基づく主観確率を得ることができる。事前確率の元となる事前分布には、一様分布などの無情報分布を想定することも可能であり、その意味では、恣意性を一定程度排除できる。さらに、犯罪心理学の先行知見から何らかの事前確率を想定できるならば、実質科学的な知見に調査で得られたデータの尤度を積算することで、過去の知見に今回の調査データを組み込んだモデルを分析することも可能となる。

　たとえば、Isen（2010）がメタ分析によりエビデンスを示したように、P＞Vプロフィールが非行少年にとって頑健な知見であるとする。その場合、VCIとPRIとの比較、はたまた、ΔVCIの分析に際して、あらかじめ非行群が低くなる主観確率を高く見積もって事前確率を設定する。そこに、今回の分析結果を加味することにより事後確率が得られる。すなわち、サン

プリングの偏りにも強い頑健な結果が得られるのである。仮に、収集した50名のデータがたまたまVCIとPRIに差のない非行少年に偏っていたとする。このとき、従来型の仮説検定を実行すると、P＞Vプロフィールは再現されないばかりか、非行少年のVCIは低くないという結論が誤って導かれる可能性すらある。しかし、ベイズ統計で事前確率に先述した分布を設定しておけば、VCIとPRIが同程度であるというデータを得たとしても、分析結果は大きく歪まない。すなわち、非行少年の言語能力は低かったという結論がやはり期待できるのである。この場合、仮に50名の非行少年がすべて極端に高いVCIを示し、すべて極端に低いPRIを示すような確率的には稀有なサンプリングにでもならない限り、結論は覆らないものと推測できる。その意味では、ベイズ統計による分析は、臨床データを扱う実務家にとって、サンプリングの歪みにも柔軟に対応できる可能性があり極めて有効と考えられる。ただし、犯罪心理学において、非行少年のP＞Vプロフィールのように頑健な知見は決して多くない。結果的に、事前確率には、無情報分布を仮定する方が、分析者の恣意性を排除できて好都合となるのである。

　なお、ベイズ統計による分析では、そもそも確率論的な解釈が可能であり、95％信用区間は、従来型の仮説検定における95％信頼区間と異なり、当該の分析結果から推定された値が、その区間に含まれる確率は95％であると主張できる。このような主張が可能な理由は、母集団における真値である母数自体を確率変数と捉えているためである。頻度主義に基づく推計学では、母数は固定値と捉えているため、推定値に対して確率論的な解釈は許されない。もちろん、SAGCでも不可能である。ただし、ベイズ統計と異なり、SAGCでは母数の推定を目論まず、あくまでもリサンプリングにより比較を（理論的には無限回）繰り返し、得られた分布に基づく頻度を数えているに過ぎない。したがって、ベイズ統計のように母数を推定しているわけではなく、固定された母数からの経験的なリサンプリングによって、データの分布が示す比率あるいは割合（たとえば、ΔVCIが統制

群よりも 5 ポイント以上低い頻度確率）を記述しているだけである。すなわち、モンテカルロ・シミュレーションの考え方に則り、SAGC は無限に繰り返し算出された平均値の平均を重視するのである。その意味では、確率化テストと同様に（橘、1997）、理論分布を想定せず、得られたデータから最大限の情報を抽出することに特化している。

　以上の点はベイズ統計との相違であり、どちらが優れているかという問題ではなく、統計と確率に関する哲学的な差異である。したがって、従来型の仮説検定に対する優位性は主張できるものの、ベイズ統計に対する優位性は主張できない。強いてあげれば、ベイズ統計が依拠する主観確率の分析では、事前分布や標本分布、そしてマルコフ連鎖モンテカルロ法という手法を用いており、統計を苦手とする臨床現場の実務家には少々複雑でもある。全体の件数に占める当該件数の比率といった頻度主義的な客観確率よりは直感的な理解が難しいかもしれない。ただし、慣れれば大きな問題ではない。

　ベイズ推定との異同── 試みに、Table 9-4 を計算するのに使用した無作為抽出による統制群のデータセット 1 つを再利用し、ベイズ統計分析との結果の相違を確認した。豊田（2016、2017、2020）の方法に基づき、フリーの統計ソフト「R」を基盤にした Rstan による分析を実行した。独立した 2 群の平均値の比較に対して、バーンイン 1,000 回を含めた 11,000 回のリサンプリング鎖を 5 本走らせて、合計 50,000 回のシミュレーション結果を得た。収束診断はすべて Rhat に基づき許容されることを確認した。ベイズ推定の結果を Table 9-5 ならびに Table 9-6 に示した。

　触法群の知能プロフィールについて、ベイズ統計で母数を推定した結果と SAGC による分析結果との間にほとんど差はなかった。今回のベイズ分析では、無情報事前分布を仮定しているため、推定値に差がなかったものと考えられる。実際、小数点第 2 位にならないと数値の違いがなく、IQ を指標とした分析では実質的に等値と捉えられる結果であった。他方、Table 9-6 を確認すると、SAGC とベイズ推定におけるいくつかの差異点が明ら

Table 9-5　ベイズ統計との推定結果の比較（統制群を 1 つ無作為抽出）

	ブートストラップ法			ベイズ分析		
	M	95%L	95%H	M	95%L	95%H
VCI	81.58	80.18	82.97	81.58	80.17	82.98
PRI	89.02	87.49	90.57	89.03	87.47	90.59
WMI	88.51	87.00	90.02	88.51	87.00	90.03
PSI	91.85	90.34	93.40	91.86	90.30	93.40
Δ VCI	-6.16	-7.10	-5.23	-6.17	-7.11	-5.22
Δ PRI	1.28	0.38	2.20	1.28	0.36	2.21
Δ WMI	0.77	-0.28	1.83	0.77	-0.28	1.82
Δ PSI	4.11	2.99	5.25	4.11	2.96	5.27

※ ベイズ分析の事前分布は無情報事前分布を仮定、95% は確信区間、MCMC による 55,000 回の
リサンプリングのうちバーンイン期間 5,000 回

Table 9-6　ベイズ統計との分析結果の比較（統制群を 1 つ無作為抽出）

	リサンプリング法			ベイズ分析		
	-5 〜 +5	< -5	> +5	-5 〜 +5	< -5	> +5
VCI	0.983	0.017	0.000	0.990	0.010	0.000
PRI	0.646	0.000	0.353	0.889	0.000	0.111
WMI	0.820	0.000	0.179	0.742	0.000	0.258
PSI	0.010	0.000	0.990	0.003	0.000	0.997
Δ VCI	0.034	0.966	0.000	0.061	0.939	0.000
Δ PRI	1.000	0.000	0.000	1.000	0.000	0.000
Δ WMI	1.000	0.000	0.000	1.000	0.000	0.000
Δ PSI	0.867	0.000	0.133	0.725	0.000	0.275

※ ベイズ分析の事前分布は無情報事前分布を仮定、MCMC による 55,000 回のリサンプリングの
うちバーンイン期間 5,000 回

かとなった。ベイズ分析では生成量から仮説が正しい確率を算出している。VCI、PSI、ΔVCI、ΔPRI、ΔWMI など、小数点第2位より小さい部分でわずかな確率値の違いしかなかった指標もあれば、PRI、WMI、ΔPSI など、小数点第1位の水準で 0.1−0.2 以上の差異が得られた指標もあった。

　ベイズ推定では、統制群 50,000 件のデータから 296 件分のデータセットを1つだけ用いて分析している。母数の推定に関しては、理論分布を仮定したうえでサンプリングを 50,000 回繰り返すシミュレーションとなっているが、分析に使用した1つだけのデータセットに依存した結果となっている。一方、SAGC は統制群 50,000 件のデータからデータセット自体を反復抽出によって何度も構成しては比較するということを繰り返している。こうした点が、推定方法の違いとして表れた可能性が考えられる。

　ただし、既述したように、どちらか一方が正解ということではない。ベイズ推定は確率論的に整備されており、理論分布の仮定を置いてはいるものの、「仮説が正しい確率」として結果を解釈できる。たとえば、触法少年の VCI に関して個人内差が統制群よりも5ポイント以上低い確率は約94％であるといった表現が可能である。それに比較すると、SAGC による分析結果は、あくまでもリサンプリングを繰り返して得られたシミュレーションにおける頻度確率であり、母数、つまり、研究者が本来的に知りたいと望む真値についての確率を直接算出できているわけではない。この辺りの理論的な整備を進展させていくことが、SAGC を精緻化していくうえで重要であり、確率論としての効用と限界を追究していく必要がある。

3．研究の限界

　本研究の限界を、①触法少年の知能プロフィールと、②方法論の観点から考察する。

■ 触法少年の知能プロファイリング

　本研究の触法少年とは、児童相談所に通告ないしは送致され、WISC-IV
を受検した子どもたちである。児童相談所は警察や少年鑑別所などと違い、
地方自治体の組織である。そのため、全国の児童相談所を所管する厚生労働
省でさえ、各地の児童相談所を十分に統制できるわけではない。したがっ
て、1つの自治体（児童相談所）で収集したデータがどこまで一般化可能で
あるのか、言い換えると、本研究の外的妥当性については疑問が残る。た
だし、犯罪少年を対象とした少年鑑別所や少年院の研究ですら、必ずしも
全国の矯正施設すべてからデータを収集した調査ばかりが行われているわ
けではない。いわんや自治体ごとに組織が異なる児童相談所では、データ
のばらつきはある程度仕方ないのが現状である。むしろ、そうした臨床機
関ごとのデータの違いがサンプリングの偏りを大きくし、得られた知見の
妥当性が危ぶまれるという方法論的な問題点に切り込み、少しでも臨床現
場において有用な研究手法を標準化するためにシミュレーションを援用し
たのが本研究の特色といえる。

　次に WISC-IV の下位検査についてである。本研究で分析した変数は4
つの指標得点である。WISC-IV のマニュアルが推奨しているように、下
位検査ではなく、指標得点から知能プロフィールを分析すること自体は
無論正当な手続きである（Wechsler, 2003 a；日本版 WISC-IV 刊行委員会、
2010a）。ただし、各指標を構成する下位検査は基本検査だけでなく補助検
査が用いられる場合もある。本研究では臨床実務のデータを使用している。
すなわち、研究のために集められた触法少年ではない。それゆえ、指標得
点を算出するのに用いた下位検査は少年ごとに異なっている。もちろん、
基本 10 検査を実施しているだけの触法少年が最多であるものの、なかに
は、補助検査により VCI や PRI を算出しているケースもある。このような
下位検査の違いが、指標得点を変動させ、ひいては統制群との比較におい
て異なる結果を導いた可能性は否定できない。ただし、SAGC は1回限り
の比較分析ではなく、リサンプリングを用いた 50,000 回の比較から知見を

導き出している。そのため、1回限りの比較であれば生じたかもしれない偏りは、シミュレーションによって平均化されていると考えられる。

　第Ⅵ−Ⅷ章では非行罪種ごとの分析を実施した。ただし、多くの犯罪少年と異なり、警察から児童相談所に通告ないしは送致された段階の触法少年には、明確な罪状や罪名がないことも多い。したがって、暴力少年、性非行少年、窃盗少年の分類は、児童相談所が受付を行った際に警察からの記録に記載されている非行実態に照らしたものに過ぎない。つまり、警察が知らない非行が児童相談所の指導経過中に明らかとなることもあれば、それが、受付段階の罪種とは別物である場合もある。そうなれば、暴力少年、性非行少年、窃盗少年という分類はそもそもの妥当性を失う。こうしたことは、犯罪心理学の研究には起こりがちであり、完全に回避できない問題ではある。その意味で、非行罪種の分類には限界があることに留意しておく必要がある。

■ シミュレーションによる方法論

　SAGCの核であるシミュレーションによるアプローチは、犯罪心理学の領域でこそ、ほとんど用いられていないものの、近接領域では特別新しい手法というわけでもない。特に、統計科学系の心理学分野において、リサンプリング法はしばしば適用されている。ただし、臨床系の心理学において、しかも、統制群を乱数から生成するという着想はほとんど先行研究がなく、本研究の独自性はかなり高いと言える。そもそも、臨床系の心理学を実践している者のなかに、統計科学の方法論に精通している者が少ないこともあり、これまでに実践されなかったのかもしれない。ただしそれゆえに、犯罪心理学とその近接領域において、リサンプリング法、乱数生成による統制群の構成、比較分析結果に頻度確率を付与した解釈に対しては、まだ方法論として確立された標準手続きがない。その意味で、本書はシミュレーションを援用した犯罪心理学研究の試行に位置している。それゆえ、方法論としての限界や問題が今後明らかとなり、さらなる精緻化の

進展することが期待される。

　シミュレーションによる方法論を WISC-IV に適用したのが本研究の特徴である。しかしながら、あらゆる心理テストが統計的に規準化されているわけではない。SAGC を適用する場合、下位検査間の相関行列や標準化調査における規準値（平均や標準偏差）などが報告されている必要がある。知能テストは、心理学分野において比較的高度に規準化されている部類の心理テストである。しかも、WISC-IV は全国的な標準化調査に基づいており、計量心理学的な特性が相当程度に優れた心理尺度でもある。たとえば、一部の地域からしかサンプリングされておらず、その数も数十からせいぜい百を超える程度しかないような標準化の心理尺度に対して、SAGC を適用するのは極めて心許ない。その意味では、標準化の精度が知能テストよりも粗い心理テストを用いる場合、どの程度の誤差が生じ、結果が歪められるのかをあらかじめ調べておく必要がある。

　本書は、犯罪心理学の実務家に資することを目的の１つとしている。そのため、ユーザに高度な統計知識ないしはコンピュータのプログラミング知識をできるだけ求めずに採用できる Excel をソフトウェアとした。しかしながら、昨今の統計解析事情に照らせば、フリーソフトの「R」を利用したコードを公開して、さらなる方法論の議論を導くこともできたであろう。この点は、本研究の端緒が、臨床実務に従事する犯罪心理学者にとって有意義な方法論の探索にあったため断念している。そもそも、統制群を調査によって収集することが困難であるという犯罪心理学者の苦境から着想した研究であるため、こうした限界については今後の課題とした。

4. 今後の課題

　研究の限界は裏返せば、概ね今後の課題となる。本研究が示した知見が、虞犯少年にも妥当であるのか、犯罪少年ではどうかなど、犯罪・非行臨床の課題としてさらなる研究に取り組むべきである。また、WISC はすでに

本邦でも WISC-V へと改訂されている。本研究が示した WISC-IV（そして補足的に WISC-III）の知見が WISC-V でも再現されるのか、追試研究が必要である。児童相談所の若き児童心理司に期待したい。

　さらに、方法論としての議論をより深めるための研究が必要である。具体的には、リサンプリングの妥当な回数、乱数生成による統制群データセットの適切なデータ数、比較分析の結果を頻度確率に基づいて解釈する際の留意点など、シミュレーション研究によって明らかにすべき課題だけでなく、計算機統計学における理論的な観点からも精査が必要である。

　ベイズ統計との融合は最も早急に取り組むべき課題と考えられる。主観確率に基づくベイズ統計による分析は、急速に般化しており、心理学領域での使用実績も高まっている（南風原、2018）。SAGC と異なり、確率論的な解釈については精査されており、母数を変数とみなした考え方を採用すれば理論的に不整合はない。したがって、ベイズ統計と併用する、はたまた、ベイズ統計に SAGC、とりわけ統制群を乱数生成させる手続きを組み込むことにより、現場で犯罪に挑み続ける実務家に資する知見が蓄積されていくことに期待したい。

引用文献

世の中には3つのウソがある。ウソと大ウソ，そして統計だ。

Benjamin Disraeli

足立浩平（2001）．心理統計学と多変量データ解析　*計算機統計学，* **14 (2)，** 139-161.

相澤優・下田恵・山﨑信弘・三浦公士・服部広正（2013）．知的障害を有する男性受刑者の特徴について（2）―― 刑務所内における適応状況の検討 ―― *犯罪心理学研究，* **50 (特別号)，** 18-19.

Alfonso, V. C., Flanagan, D. P., & Radwan, S. (2005). The impact of the Cattell-Horn-Carroll theory on test development and interpretation of cognitive and academic abilities. D. P. Flanagan & P. L. Harrison (Eds). *Contemporary Intellectual Assessment: Theories, Tests, and, Issues (2nd).*, Guilford Publications., pp.185-202.

Allen, J. L., Briskman, J., Humayun, S., Dadds, M. R., & Scott, S. (2013). Heartless and cunning? Intelligence in adolescents with antisocial behavior and psychopathic traits. *Psychiatry Research*, **210 (3)**, 1147-1153.

Allan, E. A., & Steffensmeier, D. J. (1989). Youth, underemployment, and property crime: Differential effects of job availability and job quality on juvenile and young adult arrest rates. *American Sociological Review*, **54 (1)**, 107-123.

Allwood, M. A., Bell, D. J., & Horan, J. (2011). Posttrauma numbing of fear, detachment, and arousal predict delinquent behaviors in early adolescence. *Journal of Clinical Child & Adolescent Psychology*, **40 (5)**, 659-667.

Andrew, J. M. (1974a). Delinquency, the Wechsler P > V Sign, and the I-level system. *Journal of Clinical Psychology*, **30 (3)**, 331-335.

Andrew, J. M. (1974b). Immaturity, delinquency, and the Wechsler P > V sign. *Journal of Abnormal Child Psychology*, **2 (3)**, 245-251.

Andrew, J. M. (1977). Delinquency: Intellectual imbalance? *Criminal Justice and Behavior*, **4 (1)**, 99-104.

Andrews, D. A. & Bonta, J. (2010). *The Psychology of Criminal Conduct (5th ed.)*. Cincinnati, OH, US: Anderson Publishing Co.

荒木伸怡（1987）．虞犯の概念とその機能　犯罪社会学研究，**12**，4-22.

Arnold, C., Buck, E., Merriam, K., & Stockover, J. (1925). Study of delinquent girls at Sleighton Farm. *Journal of Criminal Law and Criminology*, **15 (4)**, 598-619.

浅野百々子・柴原哉子・畑田直美（2004）．非行少年の「知的」側面からの考察（1）—— 知能検査を通して——　犯罪心理学研究，**41（特別号）**，122-123.

Assink, M., van der Put, C. E., Hoeve, M., de Vries, S. L., Stams, G. J. J., & Oort, F. J. (2015). Risk factors for persistent delinquent behavior among juveniles: A meta-analytic review. *Clinical Psychology Review*, **42**, 47-61.

Barry, C. T., Frick, P. J., & Grafeman, S. J. (2008). Child versus parent reports of parenting practices: Implications for the conceptualization of child behavioral and emotional problems. *Assessment*, **15 (3)**, 294-303.

Beaver, K. M., & Wright, J. P. (2011). The association between county-level IQ and county-level crime rates. *Intelligence*, **39 (1)**, 22-26.

Blackhurst, A. E. (1968). Mental retardation and delinquency. *The Journal of Special Education*, **2 (4)**, 379-391.

Block, J. (1995). On the relation between IQ, impulsivity, and delinquency: Remarks on the Lynam, Moffitt, and Stouthamer-Loeber (1993) interpretation. *Journal of Abnormal Psychology*, **104 (2)**, 395-398.

Boislard, M. A. P., Dussault, F., Brendgen, M., & Vitaro, F. (2013). Internalizing and externalizing behaviors as predictors of sexual onset in early adolescence. *The Journal of Early Adolescence*, **33 (7)**, 920-945.

Caldwell, M. G. (1929). The intelligence of delinquent boys committed to Wisconsin Industrial School. *Journal of the American Institute of Criminal Law and Criminology*, **20 (3)**, 421-428.

Cantor, J. M., Blanchard, R., Robichaud, L. K., & Christensen, B. K. (2005). Quantitative reanalysis of aggregate data on IQ in sexual offenders. *Psychological Bulletin*, **131 (4)**, 555–568.

Caplan, N. S., & Siebert, L. A. (1964). Distribution of juvenile delinquent intelligence test scores over a thirty-four year period (*N* = 51,808). *Journal of Clinical Psychology*, **20 (2)**, 242–247.

Carroll, J. B. (1993). *Human cognitive abilities: A survey of factor-analytic studies*. New York: Cambridge University Press.

Charles, C. M. (1933). A comparison of the intelligence quotient of three different mental tests applied to a group of incarcerated delinquent boys. *Journal of Applied Psychology*, **17 (5)**, 581–584.

Charles, C. M. (1936). A comparison of the intelligence quotients of incarcerated delinquent white and American negro boys and of groups of St. Louis public school boys. *Journal of Applied Psychology*, **20 (4)**, 499–510.

Christensen, L., & Baker, B. L. (2020). Risk-taking and delinquent behaviors among youth with and without intellectual disabilities. *Journal of Mental Health Research in Intellectual Disabilities*, **13 (1)**, 1–24.

Cornell, D. G., & Wilson, L. A. (1992). The PIQ > VIQ discrepancy in violent and nonviolent delinquents. *Journal of Clinical Psychology*, **48 (2)**, 256–261.

Coyle, K., Guinosso, S.A., Glassman, J., Anderson, P., & Wilson, H. (2017). Exposure to violence and sexual risk among early adolescents in urban middle schools. *The Journal of Early Adolescence*, **37 (7)**, 889–909.

Critchley, E. M. (1968). Reading retardation, dyslexia and delinquency. *The British Journal of Psychiatry*, **114 (517)**, 1537–1547.

Culberton, F. M., Feral, C. H., & Gabby, S. (1989). Pattern analysis of Wechsler Intelligence Scale for Children-Revised profiles of delinquent boys. *Journal of Clinical Psychology*, 45 (4), 651–660.

出口保行・原島寛・斎藤俊一・井部文哉・大西美加（1996）．CAPAS 能力検査Ⅰ・Ⅱの再検討（2）*犯罪心理学研究*，**33（特別号）**，148–149.

Diaz, A., Beleña, A., & Baguena, M. J. (1994). The role of gender in juvenile delinquency: Personality and intelligence. *Personality and Individual Differences*, **16 (2)**, 309–314.

Duran-Bonavila, S., Vigil-Colet, A., Cosi, S., & Morales-Vives, F. (2017). How individual and contextual factors affects antisocial and delinquent behaviors: A comparison between young offenders, adolescents at risk of social exclusion, and a community sample. *Frontiers in Psychology*, **8**, 1825.

Embree, R. B. (1938). The use of group intelligence tests with correctional school subjects. *Journal of Applied Psychology*, **22 (5)**, 504-517.

遠藤隆行（2006）．知能検査の結果に性格が及ぼす影響　*犯罪心理学研究*, **43（特別号）**, 72-73.

Erickson, M. H. (1929). A study of the relationship between intelligence and crime. *Journal of the American Institute of Criminal Law and Criminology*, **19 (4)**, 592-635.

Falligant, J. M., Alexander, A. A., & Burkhart, B. R. (2017). Offence characteristics and cognitive functioning in juveniles adjudicated for illegal sexual behaviour. *Journal of Sexual Aggression*, **23 (3)**, 291-299.

Farrington, D. P. (1995). The development of offending and antisocial behaviour from childhood: Key findings from the Cambridge Study in Delinquent Development. *Journal of Child Psychology and Psychiatry*, **6 (36)**, 929-964.

Felson, R. B., & Staff, J. (2006). Explaining the academic performance-delinquency relationship. *Criminology*, **44 (2)**, 299-320.

Foster, A. L. (1959). A note concerning the intelligence of delinquents. *Journal of Clinical Psychology*, **15 (1)**, 78-79.

淵上泰郎・小林博之・原淳・小田晋（1993）．精神遅滞および情緒未成熟の放火少年の心理特性について——その１犯罪学的側面からの考察——　*犯罪心理学研究*, **30（特別号）**, 36-37.

藤田裕司（1999）．ある殺人未遂犯の WAIS-R, TST, YGPI　*犯罪心理学研究*, **36（特別号）**, 98-99.

深堀友覚（2010）．確率化テストを用いた基礎的実験の新たな解釈　*駒澤大学心理学論集*, **12**, 1-6.

伏見正則（2007）．モンテカルロ法　杉山高一・藤越康祝・杉浦成昭・国友直人（編）*統計データ科学事典*　朝倉書店　pp.430-431.

Ganzer, V. J., & Sarason, I. G. (1973). Variables associated with recidivism among juvenile delinquents. *Journal of Consulting and Clinical Psychology*, **40 (1)**, 1-5.

Gath, D., & Tennent, G. (1972). High intelligence and delinquency: A review. *British Journal of Criminology*, **12 (2)**, 174-181.

Gendreau, P., Little, T., & Goggin, C. (1996). A meta-analysis of the predictors of adult offender recidivism: What works! *Criminology*, **34 (4)**, 575-608.

Gibbens, T. C. N. (1958). The Porteus maze test and delinquency. *British Journal of*

Educational Psychology, **28 (3)**, 209-216.

Gibson, H. B., & West, D. J. (1970). Social and intellectual handicaps as precursors of early delinquency. *British Journal of Criminology*, **10 (1)**, 21-32.

神門一途（2002）．ロールシャッハ・テストに現れる「知性化」反応について　*犯罪心理学研究*，**39（特別号）**，44-45.

南風原朝和（2018）．心理統計の新しい展開と今後の統計教育　*心理学評論*，**61（1）**，142-146.

原淳・十倉利広・小田晋（1992）．少年院在院中の情緒障害児及び精薄児の犯因論的検討　*犯罪心理学研究*，**29（特別号）**，126-127.

Harper, F. V., & Reinhardt, J. M. (1930). Four relationship status of a group of delinquent boys. *Journal of the American Institute of Criminal Law and Criminology*, **21 (3)**, 379-392.

橋田富雄（1966）．精神薄弱者による犯罪の鑑定例　*犯罪心理学研究*，**3（2）**，23-32.

畑田直美・柴原哉子・浅野百々子（2004）．非行少年の「知的」側面からの考察（2）──知的能力，学業への意識から──　*犯罪心理学研究*，**41（特別号）**，124-125.

波田野結花・吉田弘道・岡田謙介（2015）．『教育心理学研究』における p 値と効果量による解釈の違い　*教育心理学研究*，**63（2）**，151-161.

林秋成（2016）．少年院における知的障害を有する性非行少年に対する矯正教育の検討──Good Lives Model や障害受容の観点から見た教育効果や課題についての考察──　*犯罪心理学研究*，**53（特別号）**，42-43.

林秋成（2017）．個別式知能検査のフィードバック・セッション　*犯罪心理学研究*，**54（特別号）**，20-21.

Hayes, S. C. (1999). Comparison of the Kaufman Brief Intelligence Test and the Matrix Analogies Test-Short Form in an adolescent forensic population. *Psychological Assessment*, **11 (1)**, 108-110.

Haynes, J. P., & Bensch, M. (1981). The P > V sign on the WISC-R and recidivism in delinquents. *Journal of Consulting and Clinical Psychology*, **49 (3)**, 480-481.

Haynes, J. P., & Bensch, M. (1983). Female delinquent recidivism and the P > V sign on the WISC-R. *Journal of Clinical Psychology*, **39 (1)**, 141-144.

Hecht, I. H., & Jurkovic, G. J. (1978). The performance-verbal IQ discrepancy in differentiated subgroups of delinquent adolescent boys. *Journal of Youth and Adolescence*, **7 (2)**, 197-201.

Heimer, K., & Coster, S. D. (1999). The gendering of violent delinquency. *Criminology*, **37**

(2), 277-318.

Hickson, W. J. (1914). The defective delinquent. *Journal of the American Institute of Criminal Law and Criminology*, **5 (3)**, 397-403.

日高茂暢（2018）．知的ギフテッドにおける知的特性と生活適応行動に関する検討──知的検査 WISC-IV と Vineland-Ⅱ適応行動尺度の分析── *作新学院大学大学院心理学研究科臨床心理センター研究紀要*，**11**，18-25．

Hirschi, T., & Hindelang, M. J. (1977). Intelligence and delinquency: A revisionist review. *American Sociological Review*, **42 (4)**, 571-587.

Hogan, T. P. (2007). *Psychological Testing: A Practical Introduction, 2nd ed.* John Wiley & Sons, Inc.（繁桝算男・椎名久美子・石垣琢麿（2010）．*心理テスト──理論と実践の架け橋──* 培風館）

Hong, H., Han, Y., & Lee, D. H. (2014). The role of gender dynamics in the relationship between parental maltreatment and juvenile theft in South Korea. *International Journal of Criminology and Sociology*, **3**, 309-318.

Hubble, L. M., & Groff, M. (1981). Magnitude and direction of WISC-R Verbal-Performance IQ discrepancies among adjudicated male delinquents. *Journal of Youth and Adolescence*, **10 (2)**, 179-184.

Hubble, L. M., & Groff, M. G. (1982). WISC-R Verbal Performance IQ discrepancies among Quay-classified adolescent male delinquents. *Journal of Youth and Adolescence*, **11 (6)**, 503-508.

Huesmann, L. R., Eron, L. D., & Yarmel, P. W. (1987). Intellectual functioning and aggression. *Journal of Personality and Social Psychology*, **52 (1)**, 232-240.

飯利知恵子・岡田智（2014）．自閉症スペクトラム障害のある子どもの ADHD 傾向の有無による WISC-IV 認知プロフィールの特徴 *子ども発達臨床研究*，**5**，31-34．

Isen J. (2010). A meta-analytic assessment of Wechsler's P > V sign in antisocial populations. *Clinical Psychology Review*, **30 (4)**, 423-435.

石田幸平（1967）．成熟と非行に関する発達心理学的研究（1）──序論── *犯罪心理学研究*，**5 (1)**，1-7．

石田幸平（1973）．青少年の成熟と犯罪に関する発達心理学的研究（2）──ドイツ少年裁判所法における責任能力の成熟基準を中心として── *犯罪心理学研究*，**10 (1)**，1-12．

石田祥子・遊間義一・金澤雄一郎・河原哲雄・東條真希（2019）．触法知的障害者の逸脱行動への前頭葉の機能と ACT の交互作用 *犯罪心理学研究*，**57 (特別号)**，32-33．

石川恵美子（1987）．虞犯とその取扱上の問題点　犯罪社会学研究，**12**，23-46.

石村貞夫・石村友二郎（2013）．統計的推定とブートストラップ法についての考察　鶴見大学紀要．第4部，人文・社会・自然科学編，**50**，17-20.

Ishoy, G. A. (2017). Exploring morality as a mediator of the association between parenting practices and violent and property offending among a sample of juvenile delinquents. *Crime & Delinquency*, **63 (2)**, 113-136.

January, A. M., Bartoi, M. G., Kuentzel, J. G., Somers, C. L., & Barnett, D. (2015). Tell me more about it: A query into the relations between intelligence scores and problem behaviors using the WISC-IV. *Journal of Child and Family Studies*, **24 (9)**, 2544-2554.

Järvelin, M. R., Läärä, E., Rantakallio, P., Moilanen, I., & Isohanni, M. (1994). Juvenile delinquency, education, and mental disability. *Exceptional Children*, **61 (3)**, 230-241.

Johansson, P., & Kerr, M. (2005). Psychopathy and intelligence: A second look. *Journal of Personality Disorders*, **19 (4)**, 357-369.

笠井達夫・池川三郎（1974）．非行少年の道徳的判断について　犯罪心理学研究，**10 (2)**，73-84.

Kaslow, F. W., Lipsitt, P. D., Buka, S. L., & Lipsitt, L. P. (1990). Family law issues in family therapy practice: Early intelligence scores and subsequent delinquency: A prospective study. *American Journal of Family Therapy*, **18 (2)**, 197-208.

川本静香・小杉考司（2012）．ブートストラップ法を用いた抑うつ概念における類型論的アプローチ　立命館人間科学研究，**25**，109-113.

河野荘子・岡本英生（編著）（2013）．コンパクト犯罪心理学——初歩から卒論・修論作成のヒントまで——　北大路書房

桐生正幸（編著）（2012）．基礎から学ぶ犯罪心理学研究法　福村出版

Kissel, S. (1966). Juvenile delinquency and psychological differentiation: Differences between social and solitary delinquents. *Journal of Clinical Psychology*, **22 (4)**, 442.

北澤潔（1991）．CAPAS-PIの妥当性と信頼性　犯罪心理学研究，**28 (特別号)**，82-83.

小林博之・淵上泰郎・原淳・小田晋（1993）．精神遅滞および情緒的未成熟の放火少年の心理特性について——その2放火原因の一つとなっている家族病理についての考察——　犯罪心理学研究，**30 (特別号)**，38-39.

小板清文（1988）．MJPIの信頼性及び妥当性の検討——作為的な受検態度，被検者の知的水準，及び，でたらめ回答がMJPIの結果に及ぼす影響について——　犯罪心理学研究，**25 (1)**，1-15.

國分聡子（2016）．思春期の知的障害女子における性的逸脱行動への介入　犯罪心理学研

究, **53 (特別号)**, 40-41.

Koolhof, R., Loeber, R., Wei, E. H., Pardini, D., & D'escury, A. C. (2007). Inhibition deficits of serious delinquent boys of low intelligence. *Criminal Behaviour and Mental Health*, **17 (5)**, 274-292.

久保多伽良・鈴木純一・小熊啓介・外村啓祐・三浦公士・山浦卓（2019）. 成人男子受刑者の日本版ウェクスラー式知能検査第4版の結果に関する報告1――知的能力について―― *犯罪心理学研究*, **57 (特別号)**, 42-43.

熊上崇（2006）. 広汎性発達障害を持つ少年の調査――ウエクスラー知能検査を中心に―― *犯罪心理学研究*, **43 (特別号)**, 68-69.

熊上崇（2011）. 少年触法事例の学習習得度に関する調査――日本版KABC-IIを使用して―― *犯罪心理学研究*, **48 (特別号)**, 54-55.

熊上崇（2013）. 日本版KABC-IIを利用した少年のアセスメント *犯罪心理学研究*, **50 (特別号)**, 94-95.

Kumagami, T., & Kumagai, K. (2014). Measuring adjustment in Japanese juvenile delinquents with learning disabilities using Japanese version of Kaufman Assessment Battery for Children II. *Psychiatry and Clinical Neurosciences*, **68 (10)**, 768-775.

栗原考次（2011）. モンテカルロ法 松原望・美添泰人（編）*統計応用の百科事典* 丸善出版 pp.116-119.

Lansford, J. E., Miller-Johnson, S., Berlin, L. J., Dodge, K. A., Bates, J. E., & Pettit, G. S. (2007). Early physical abuse and later violent delinquency: A prospective longitudinal study. *Child Maltreatment*, **12 (3)**, 233-245.

Lansing, A. E., Washburn, J. J., Abram, K. M., Thomas, U. C., Welty, L. J., & Teplin, L. A. (2014). Cognitive and academic functioning of juvenile detainees: Implications for correctional populations and public health. *Journal of Correctional Health Care*, **20 (1)**, 18-30.

Lazaratou, H., Kalogerakis, Z., Petroutsou, A., Bali, P. P., Konsta, A., Pirlympou, M., Papadakos, L., Bechraki, A., & Dikeos, D. (2018). Differences in verbal and performance IQ in conduct disorder: Research findings from a Greek sample. *Journal of Psychiatry and Behavioral Sciences*, **2**, 1010.

Levy, J. (1931). A quantitative study of the relationship between intelligence and economic status as factors in the etiology of children's behavior problems. *American Journal of Orthopsychiatry*, **1 (2)**, 152-162.

Loeber, R., Menting, B., Lynam, D. R., Moffitt, T. E., Stouthamer-Loeber, M., Stallings,

R., Farrington, D. P., & Pardini, D. (2012). Findings from the Pittsburgh Youth Study: Cognitive impulsivity and intelligence as predictors of the age-crime curve. *Journal of the American Academy of Child & Adolescent Psychiatry*, **51 (11)**, 1136⁻1149.

Loney, B. R., Frick, P. J., Ellis, M., & McCoy, M. G. (1998). Intelligence, callous-unemotional traits, and antisocial behavior. *Journal of Psychopathology and Behavioral Assessment*, **20 (3)**, 231⁻247.

Lurie, L. A., Levy, S., & Rosenthal, F. M. (1944). The defective delinquent: A definition and a prognosis. *American Journal of Orthopsychiatry*, **14 (1)**, 95⁻103.

Lynam, D. R., & Moffitt, T. E. (1995). Delinquency and impulsivity and IQ: A reply to Block (1995). *Journal of Abnormal Psychology*, **104 (2)**, 399⁻401.

Lynam, D., Moffitt, T., & Stouthamer-Loeber, M. (1993). Explaining the relation between IQ and delinquency: Class, race, test motivation, school failure, or self-control? *Journal of Abnormal Psychology*, **102 (2)**, 187⁻196.

Mahoney, A. R. (1980). Gifted delinquents: What do we know about them? *Children and Youth Services Review*, **2 (3)**, 315⁻329.

Mann, C. W., & Mann, H. P. (1939). Age and intelligence of a group of juvenile delinquents. *The Journal of Abnormal and Social Psychology*, **34 (3)**, 351⁻360.

McCann, K., & Lussier, P. (2008). Antisociality, sexual deviance, and sexual reoffending in juvenile sex offenders: A meta-analytical investigation. *Youth Violence and Juvenile Justice*, **6 (4)**, 363⁻385.

Mercer, N., Farrington, D. P., Ttofi, M. M., Keijsers, L. G. M. T., Branje, S., & Meeus, W. (2016). Childhood predictors and adult life success of adolescent delinquency abstainers. *Journal of Abnormal Child Psychology*, **44 (3)**, 613⁻624.

Marcus, B. (1955). Intelligence, criminality and the expectation of recidivism. *British Journal of Delinquency*, **6**, 147⁻151.

Martz, E. W. (1930). Mental development in the children of delinquent girls. *Journal of Applied Psychology*, **14 (3)**, 287⁻295.

Maskin, M. B. (1974). A comparison of graduate and recidivist WISC IQ scores in a delinquency treatment program for girls. *Journal of Clinical Psychology*, **30 (3)**, 319⁻320.

松原英世（2006）．犯罪観の変遷と刑罰の役割　*法社会学*, **65**, 67⁻81.

松田親典（2005）．Excel を使って確率・統計──モンテカルロ・シミュレーション──　*奈良文化女子短期大学紀要*, **36**, 33⁻40.

松見淳子（2016）．エビデンスに基づく応用心理学的実践と科学者-実践家モデル——教育・研究・実践の連携—— 応用心理学研究, **41 (3)**, 249-255.

McGloin, J. M., Pratt, T. C., & Maahs, J. (2004). Rethinking the IQ-delinquency relationship: A longitudinal analysis of multiple theoretical models. *Justice Quarterly*, **21 (3)**, 603-635.

McGrew, K. S. (2009). CHC theory and the human cognitive abilities project: Standing on the shoulders of the giants of psychometric intelligence research. *Intelligence*, **37**, 1-10.

McKenzie, M. E., & Lee, S. S. (2015). Cognitive ability and psychopathic traits: Independent and interactive associations with youth conduct problems. *Journal of Abnormal Child Psychology*, **43 (4)**, 761-771.

Meldrum, R. C., Trucco, E. M., Cope, L. M., Zucker, R. A., & Heitzeg, M. M. (2018). Brain activity, low self-control, and delinquency: An fMRI study of at-risk adolescents. *Journal of Criminal Justice*, **56**, 107-117.

Menard, S., & Morse, B. J. (1984). A structuralist critique of the IQ-delinquency hypothesis: Theory and evidence. *American Journal of Sociology*, **89 (6)**, 1347-1378.

Menting, B., Van Lier, P. A., Koot, H. M., Pardini, D., & Loeber, R. (2016). Cognitive impulsivity and the development of delinquency from late childhood to early adulthood: Moderating effects of parenting behavior and peer relationships. *Development and Psychopathology*, **28 (1)**, 167-183.

Mersky, J. P., & Reynolds, A. J. (2007). Child maltreatment and violent delinquency: Disentangling main effects and subgroup effects. *Child Maltreatment*, **12 (3)**, 246-258.

Miller, L. (1988). Neuropsychological perspectives on delinquency. *Behavioral Sciences & the Law*, **6 (3)**, 409-428.

Miyaguchi, K., & Shirataki, S. (2014). Executive functioning problems of juvenile sex offenders with low levels of measured intelligence. *Journal of Intellectual and Developmental Disability*, **39 (3)**, 253-260.

水上瞳（2013）．少年鑑別所における知能検査ツールの検討——新田中 B 式知能検査と Wechsler 式知能検査について—— 犯罪心理学研究, **50 (特別号)**, 86-87.

Moffitt, T. E. (1990). The neuropsychology of juvenile delinquency: A critical review. *Crime and Justice*, **12**, 99-169.

Moffitt, T. E., Gabrielli, W. F., Mednick, S. A., & Schulsinger, F. (1981). Socioeconomic status, IQ, and delinquency. *Journal of Abnormal Psychology*, **90 (2)**, 152-156.

Moffitt, T. E., & Silva, P. A. (1988). IQ and delinquency: A direct test of the differential detection hypothesis. *Journal of Abnormal Psychology*, **97 (3)**, 330-333.

Moore, J. E. (1937). A comparative study of the intelligence of delinquent and dependent boys. *Journal of Educational Psychology*, **28 (5)**, 355-366.

Moore, M. (2011). Psychological theories of crime and delinquency. *Journal of Human Behavior in the Social Environment*, **21 (3)**, 226-239.

森武夫（1988）．発達危機と非行・犯罪　*犯罪心理学研究*，**25 (1)**，16-29.

森武夫（1989）．危機理論研究ノート（1）――発達と類型――　*犯罪心理学研究*，**26 (2)**，32-39.

Muñoz, L. C., Frick, P. J., Kimonis, E. R., & Aucoin, K. J. (2008). Verbal ability and delinquency: Testing the moderating role of psychopathic traits. *Journal of Child Psychology and Psychiatry*, **49 (4)**, 414-421.

Murphy, K. M., & D'Angelo, R. Y. (1963). The intelligence factor in the criminality of women. *The American Catholic Sociological Review*, **24 (4)**, 340-347.

Murray, J., & Farrington, D. P. (2010). Risk factors for conduct disorder and delinquency: Key findings from longitudinal studies. *The Canadian Journal of Psychiatry*, **55 (10)**, 633-642.

鍋島宏之・木髙暢之・上野雅宏（2015）．知的障害がある受刑者の知的能力の分析――WAIS-III からの検討――　*犯罪心理学研究*，**52 (特別号)**，122-123.

鍋島宏之・松元雅子（2016）．知的障害がある受刑者の知的特性について――WAIS-III 成人知能検査結果の偏りからの検討――　*犯罪心理学研究*，**53 (特別号)**，196-197.

鍋島宏之・宮本悠起子（2018）．知的障害がある受刑者のつまずきについての検討―「居場所」がありながら再犯に至った者の調査から―　*犯罪心理学研究*，**55 (特別号)**，30-31.

中村雅知（1980）．犯行現場からみた非行少年の認知構造　*犯罪心理学研究*，**15 (1・2)**，1-10.

Newton, J. H., & McGrew, K. S. (2010). Introduction to the special issue: Current research in Cattell-Horn-Carroll-based assessment. *Psychology in the Schools*, **47 (7)**, 621-634.

二ノ宮勇気・渕上康幸・東山哲也・那須昭洋（2016）．法務省式ケースアセスメントツール（MJCA）の各属性との関連に関する試行的研究 I―― 知能との関連について――　*犯罪心理学研究*，**53 (特別号)**，70-71.

野村俊明・金樹英・工藤剛（2001）．注意欠陥／多動性障害 ADHD と行為障害――医療少年院の経験から――　*犯罪心理学研究*，**39 (2)**，29-36.

O'Boyle, E. H., Forsyth, D., Banks, G. C., & Story, P. A. (2013). A meta-analytic review of the Dark Triad-intelligence connection. *Journal of Research in Personality*, **47 (6)**, 789-794.

緒方康介（2007）．児童相談所に係属した被虐待児の知的特性　*犯罪心理学研究*, **45 (1)**, 15-24.

緒方康介（2008）．WISC-III 下位検査プロフィールからみる児童相談所に相談のあった非行児の知能特性　*犯罪心理学研究*, **46 (2)**, 39-47.

緒方康介（2010）．児童相談所で出会う身体的虐待被害児における知能の偏り――マッチング・ケースを用いた WISC-III プロフィールの比較――　*犯罪心理学研究*, **48 (1)**, 11-20.

緒方康介（2011）．児童虐待は被虐待児の知能を低下させるのか？――メタ分析による研究結果の統合――　*犯罪心理学研究*, **48 (2)**, 29-42.

緒方康介（2012）．性的虐待被害児の WISC-III プロフィール　*犯罪心理学研究*, **49 (特別号)**, 18-19.

緒方康介（2013a）．義務教育課程における被虐待児の知能プロフィール――WISC-III の学齢に基づく横断的分析――　*犯罪心理学研究*, **51 (1)**, 1-11.

緒方康介（2013b）．被虐待児における WISC-III と WISC-IV の検査間相関　*犯罪心理学研究*, **50 (特別号)**, 44-45.

緒方康介（2015a）．児童相談所で非行少年に実施された WISC-IV の分析――P＞V プロフィールの検証――　*犯罪心理学研究*, **52 (2)**, 1-10.

緒方康介（2015b）．テキストマイニングを用いた『犯罪心理学研究』の論題分析――半世紀にわたる変遷と領域の多様化――　*犯罪心理学研究*, **53 (1)**, 37-48.

緒方康介（2016a）．虐待の被害児に対する加害親の過剰期待――保護者による社会生活能力の評定と子どもの知能検査結果との乖離――　*犯罪心理学研究*, **53 (2)**, 17-27.

緒方康介（2016b）．モンテカルロ法とマッチング法によるコントロール群構成の比較――虐待された子どもの WISC-IV を用いた例証――　*犯罪心理学研究*, **54 (1)**, 31-40.

緒方康介（2017）．境界知能児における WISC-IV モデルの因子不変性　*教育心理学研究*, **65 (4)**, 466-476.

緒方康介（2019）．犯罪心理学者の研究は実務から離脱しても可能か？――科学者実践家を対象にした計量書誌学的分析――　*犯罪心理学研究*, **56 (2)**, 15-25.

緒方康介（2020）．身体的虐待による知能低下に対するトラウマ症状の媒介効果　*犯罪心理学研究*, **57 (2)**, 33-45.

Ogata, K. (2021). On the application of bootstrapping and Monte Carlo simulations to clinical studies: Psychometric intelligence research and juvenile delinquency. *Psychology*

(Psych), **12 (8)**, 1171-1183.

小熊啓介・鈴木純一・久保多伽良・外村啓祐・三浦公士・山浦卓（2019）．成人男子受刑者の日本版ウェクスラー式知能検査第4版の結果に関する報告3――下位検査＜パズル＞における特徴について―― *犯罪心理学研究*, **57 (特別号)**, 46-47.

岡田謙介(2012)．R を利用したモンテカルロ法による統計量の評価 *専修大学社会知性開発研究センター／心理科学研究センター年報：融合的心理科学の創成；心の連続性を探る*, **1**, 109-123.

岡本英生・上垣博和・浅野千晶・高橋哲（2006）．CAPAS 能力検査について I ――CAPAS I の第4問「連想」を含めた因子的妥当性の検討―― *犯罪心理学研究*, **43 (特別号)**, 100-101.

小野島昂洋（2020）．双因子モデルを用いた WISC-IV の因子構造の研究――海外における研究動向と日本版の予備的分析―― *早稲田大学大学院教育学研究科紀要：別冊*, **27 (2)**, 149-160.

大塲玲子・西村朋子（2008）．知的障害等を持つ少年院在院者の社会復帰に関する諸課題 *犯罪心理学研究*, **45 (特別号)**, 16-17.

大西美加・原島寛・斎藤俊一・井部文哉・出口保行（1996）．CAPAS 能力検査 I・II の再検討 (1) *犯罪心理学研究*, **33 (特別号)**, 146-147.

大谷哲朗・福井宏（1991）．CAPAS の活用方法に関する研究 II *犯罪心理学研究*, **28 (特別号)**, 84-85.

Otis, M. (1913). The Binet tests applied to delinquent girls. *The Psychological Clinic*, **7 (5)**, 127-134.

Palmore, E. (1963). Factors associated with school dropouts and juvenile delinquency among lower-class children. *Social Security Bulletin*, **26 (10)**, 4-9.

Pardini, D., Obradovic, J., & Loeber, R. (2006). Interpersonal callousness, hyperactivity/ impulsivity, inattention, and conduct problems as precursors to delinquency persistence in boys: A comparison of three grade-based cohorts. *Journal of Clinical Child and Adolescent Psychology*, **35 (1)**, 46-59.

Parker, J. S., & Morton, T. L. (2009). Distinguishing between early and late onset delinquents: Race, income, verbal intelligence and impulsivity. *North American Journal of Psychology*, **11 (2)**, 273-284.

Paterson, J., Tautolo, E. S., Iusitini, L., Taylor, S., & Siegert, R. (2016). Pacific islands families study: Risk and protective factors associated with delinquent behaviour in pacific 11-year-olds. *Psychology*, **7**, 953-964.

Pati, G. (1965). Intelligence of the delinquents compared with that of criminals and normal juveniles of Orissa. *Indian Journal of Applied Psychology*, **2 (1)**, 17-20.

Petee, T. A., & Walsh, A. (1987). Violent delinquency, race, and the Wechsler performance-verbal discrepancy. *The Journal of Social Psychology*, **127 (3)**, 353-354.

Poon, K., & Ho, C. S. (2014). Contrasting deficits on executive functions in Chinese delinquent adolescents with attention deficit and hyperactivity disorder symptoms and/ or reading disability. *Research in Developmental Disabilities*, **35 (11)**, 3046-3056.

Poyraz Fındık, O. T., Rodopman Arman, A., Erturk Altınel, N., Durlanık, E. G., Ozbek, H., & Semerci, B. (2019). Psychiatric evaluation of juvenile delinquents under probation in the context of recidivism. *Psychiatry and Clinical Psychopharmacology*, **29 (4)**, 427-434.

Prentice, N. M., & Kelly, F. J. (1963). Intelligence and delinquency: A reconsideration. *The Journal of Social Psychology*, **60 (2)**, 327-337.

Raine, A., Yaralian, P. S., Reynolds, C., Venables, P. H., & Mednick, S. A. (2002). Spatial but not verbal cognitive defcits at age 3 years in persistently antisocial individuals. *Development and Psychopathology*, **14 (1)**, 25-44.

Ray, J. V., Thornton, L. C., Frick, P. J., Steinberg, L., & Cauffman, E. (2016). Impulse control and callous-unemotional traits distinguish patterns of delinquency and substance use in justice involved adolescents: Examining the moderating role of neighborhood context. *Journal of Abnormal Child Psychology*, **44 (3)**, 599-611.

Reilly, T. F., Wheeler, L. J., & Etlinger, L. E. (1985). Intelligence versus academic achievement: A comparison of juvenile delinquents and special education classifications. *Criminal Justice and Behavior*, **12 (2)**, 193-208.

Ribas-Siñol, M., del Prado-Sanchez, N., Claramunt-Mendoza, J., Civit-Ramirez, M., Canalias-Perez, O., & Ochoa, S. (2015). Troubled adolescents: Substance abuse and mental disorder in young offenders. *Actas Esp Psiquiatr*, **43 (6)**, 197-204.

Richmond, A. D., Laursen, B., & Stattin, H. (2019). Homophily in delinquent behavior: The rise and fall of friend similarity across adolescence. *International Journal of Behavioral Development*, **43 (1)**, 67-73.

Richter, P., Scheurer, H., Barnett, W., & Kröber, H. L. (1996). Forecasting recidivism in delinquency by intelligence and related constructs. *Medicine, Science and the Law*, **36 (4)**, 337-342.

Riddle, M., & Roberts, A. H. (1977). Delinquency, delay of gratification, recidivism, and the

Porteus Maze Tests. *Psychological Bulletin*, **84 (3)**, 417‒425.

Ronis, S. T., & Borduin, C. M. (2007). Individual, family, peer, and academic characteristics of male juvenile sexual offenders. *Journal of Abnormal Child Psychology*, **35 (2)**, 153‒163.

Rulison, K. L., Kreager, D. A., & Osgood, D. W. (2014). Delinquency and peer acceptance in adolescence: A within-person test of Moffitt's hypotheses. *Developmental Psychology*, **50 (11)**, 2437‒2448.

桜井裕二（2011）．ブートストラップ法　松原望・美添泰人（編）*統計応用の百科事典*　丸善出版　pp.112‒113.

Schuster, R., & Guggenheim, P. D. (1982). An investigation of the intellectual capabilities of juvenile offenders. *Journal of Forensic Sciences*, **27 (2)**, 393‒400.

Schwartz, J. A., Savolainen, J., Aaltonen, M., Merikukka, M., Paananen, R., & Gissler, M. (2015). Intelligence and criminal behavior in a total birth cohort: An examination of functional form, dimensions of intelligence, and the nature of offending. *Intelligence*, **51**, 109‒118.

閣崎勉（1998）．新田中 B 式 3B 知能検査による成人受刑者の知能の分類　*犯罪心理学研究*, **35 (特別号)**, 72‒73.

閣崎勉（2000）．新田中 B 式 3B 知能検査による少年および成人の犯罪者の知能の分類　*犯罪心理学研究*, **37 (特別号)**, 171‒173.

閣崎勉（2002）．非行少年の知能の特徴——新田中 B 式 3B 知能検査の標準化のための集団と比較して——　*犯罪心理学研究*, **39 (特別号)**, 40‒41.

閣崎勉（2004）．知能の型と性格特徴—新田中 B 式知能検査，法務省式人格目録，内田クレペリン精神検査を用いて—　*犯罪心理学研究*, **41 (特別号)**, 126‒127.

閣崎勉（2005）．知能の型と人格特性　*犯罪心理学研究*, **42 (特別号)**, 54‒55.

閣崎勉（2006）．新田中 B 式知能検査の分析的解釈　*犯罪心理学研究*, **43 (特別号)**, 126‒127.

閣崎勉（2007）．新田中 B 式知能検査の分析的解釈（1）　*犯罪心理学研究*, **44 (特別号)**, 148‒149.

閣崎勉（2008）．新田中 B 式知能検査（集団式知能検査）による知能の分析——WAIS-R と比較して——　*犯罪心理学研究*, **45 (特別号)**, 138‒139.

閣崎勉（2009）．新田中 B 式知能検査（集団式知能検査）による知能の分析（2）——WAIS-R と比較して——　*犯罪心理学研究*, **46 (特別号)**, 164‒165.

閣崎勉・岡本英生（1996）．新田中 B 式 3B 知能検査の下位検査換算点による非行少年の

知能の分類と知能型　*犯罪心理学研究*, **33 (特別号)**, 144-145.

闇崎勉・岡本英生（1997）．新田中 B 式 3B 知能検査の下位検査得点による非行少年の知能の分類と知能型（2）　*犯罪心理学研究*, **34 (特別号)**, 112-113.

繁桝算男・Lee, S.（2013）．CHC 理論と日本版 WISC-IV の因子構造——標準化データによる認知構造の統計学的分析——　*日本版 WISC-IV テクニカルレポート #8* https:// www.nichibun.co.jp/documents/kensa/technicalreport/wisc4_tech_8.pdf

Shimberg, M. E., & Israelite, J. (1933). A study of recidivists and first offenders of average and defective intelligence. *American Journal of Orthopsychiatry*, **3 (2)**, 175-180.

下田恵・相澤優・山﨑信弘・三浦公士・服部広正（2013）．知的障害を有する男性受刑者の特徴について（1）——一般男性受刑者との比較研究——　*犯罪心理学研究*, **50 (特別号)**, 16-17.

Staff, J., Whichard, C., Siennick, S., & Maggs, J. (2015). Early life risks, antisocial tendencies, and preteen delinquency. *Criminology*, **53 (4)**, 677-701.

Starr, A. S. (1922). An analytical study of the intelligence of a group of adolescent delinquent girls. *The Psychological Clinic*, **14 (5-6)**, 143-158.

Stattin, H., & Klackenberg-Larsson, I. (1993). Early language and intelligence development and their relationship to future criminal behavior. *Journal of Abnormal Psychology*, **102 (3)**, 369-378.

Steinbach, A. A. (1934). Intelligence and juvenile delinquency. *The Elementary School Journal*, **34 (9)**, 691-697.

Stone, C. P. (1921). A comparative study of the intelligence of 399 inmates of the Indiana Reformatory and 653 men of the United States Army. *Journal of the American Institute of Criminal Law and Criminology*, **12 (2)**, 238-257.

菅原達也・鈴木来果・服部広正（2016）．少年鑑別所における知能判定についての一考察　*犯罪心理学研究*, **53 (特別号)**, 66-67.

菅原達也・服部広正・福場和雄（2017）．少年鑑別における知能判定についての一考察（2）　*犯罪心理学研究*, **54 (特別号)**, 18-19.

橘敏明（1997）．*確率化テストの方法——誤用しない統計的検定——*　日本文化科学社

高橋雅春（1967）．非行少年に試みた WAIS の結果について　*犯罪心理学研究*, **4 (2)**, 49-51.

高倉耕一（2008）．統計解析におけるコンピュータの新しい利用法——確率化テスト，モンテカルロ法——　*生活衛生*, **52 (4)**, 221-228.

高桑益行（1965）．精神薄弱の性非行に対する一考察　*犯罪心理学研究*, **2 (1)**, 21-30.

高根芳雄・大嶋百合子（2002）．行動計量学：21世紀の初頭に思うこと——計量心理学と
　　コンピュータ——　*行動計量学*，**29 (1)**，3-11.

高野光司（2012）．境界性知能の受刑者に対するアンガーマネージメント——プログラム
　　の作成および効果検証——　*犯罪心理学研究*，**49 (特別号)**，34-35.

竹内啓（2003）．統計学的な考え方——デザイン・推測・意思決定——　*統計科学のフロン
　　ティア2　統計学の基礎II——統計学の基礎概念を見直す*——　岩波書店　pp.1-53.

Tarnopol, L. (1970). Delinquency and minimal brain dysfunction. *Journal of Learning
　　Disabilities*, **3 (4)**, 200-207.

立川晃司（1997）．精神遅滞である非行少年に対するCATの有効性について　*犯罪心理
　　学研究*，**34 (特別号)**，124-125.

寺田精一（1915）．ロンブローゾの刑事人類学説　*心理研究*，**7**，81-107.

Terman, L. M. (1916). The uses of intelligence tests. In L. M. Terman, *The measurement of
　　intelligence* (pp. 3-21). Boston, MA, US: Houghton, Mifflin and Company.

Thomas, J. M., Thomas, S. A., Burgason, K. A. & Wichinsky, L. C. (2014). Early contact with
　　the criminal justice system and intellectual functioning as risk factors for violent and
　　chronic adult offending. *Western Criminology Review*, **15 (1)**, 34-50.

外川江美（2004）．情緒未成熟な非行少年の発達図式と処遇方法に関する分類表作成の
　　試み——「現代型」非行少年の未熟さへのアプローチ——　*犯罪心理学研究*，**42 (1)**，
　　15-30.

東條真希・遊間義一（2018）．福祉施設を退所した触法知的障害者の再犯を予測する要因
　　の検討　*犯罪心理学研究*，**56 (特別号)**，28-29.

東條真希・遊間義一・金澤雄一郎・河原哲雄・石田祥子（2019）．神経心理学的検査を
　　用いた犯罪・触法知的障害者の攻撃性の類型と各類型の特徴　*犯罪心理学研究*，**57
　　(特別号)**，30-31.

外村啓祐・鈴木純一・小熊啓介・久保多伽良・三浦公士・山浦卓（2019）．成人男子受刑
　　者の日本版ウェクスラー式知能検査第4版の結果に関する報告2——知的能力につ
　　いて——　*犯罪心理学研究*，**57 (特別号)**，44-45.

豊田秀樹（2016）．*はじめての統計データ分析——ベイズ的＜ポストp値時代＞の統計学
　　*——　朝倉書店

豊田秀樹（2017）．*心理統計法——有意性検定からの脱却*——　放送大学教育振興会

豊田秀樹（2020）．*瀕死の統計学を救え！——有意性検定から「仮説が正しい確率」へ*——
　　朝倉書店

土中幸宏・細井保宏・小栗正幸（2005）．軽度発達障害の徴候を有する非行少年の鑑別に

ついて（2）── ウェクスラー知能検査に表れた認知特性──　*犯罪心理学研究*, **42** (**特別号**), 114-115.

Ttofi, M. M., Farrington, D. P., Piquero, A. R., Lösel, F., DeLisi, M., & Murray, J. (2016). Intelligence as a protective factor against offending: A meta-analytic review of prospective longitudinal studies. *Journal of Criminal Justice*, **45**, 4-18.

上垣博和（1998）．CAPAS 能力検査についての一研究　*犯罪心理学研究*, **35** (**特別号**), 74-75.

上垣博和・岡本英生・浅野千晶・高橋哲（2006）．CAPAS 能力検査について II── 誤反応の分析を中心にして──　*犯罪心理学研究*, **43** (**特別号**), 102-103.

上野一彦（2011）．日本版 WISC-IV の改訂経緯と特徴　*日本版 WISC-IV テクニカルレポート #1* https://www.nichibun.co.jp/documents/kensa/technicalreport/wisc4_tech_1.pdf

浦田洋・高野隆一・近浩昭（1990）．受刑者の学力について　*犯罪心理学研究*, **27** (特別号), 84-85.

Vaughn, M. G., Newhill, C. E., DeLisi, M., Beaver, K. M., & Howard, M. O. (2008). An investigation of psychopathic features among delinquent girls: Violence, theft, and drug abuse. *Youth Violence and Juvenile Justice*, **6 (3)**, 240-255.

Vermeiren, R., De Clippele, A., Schwab-Stone, M., Ruchkin, V., & Deboutte, D. (2002). Neuropsychological characteristics of three subgroups of Flemish delinquent adolescents. *Neuropsychology*, **16 (1)**, 49-55.

Waite, D., Keller, A., McGarvey, E. L., Wieckowski, E., Pinkerton, R., & Brown, G. L. (2005). Juvenile sex offender re-arrest rates for sexual, violent nonsexual and property crimes: A 10-year follow-up. *Sexual Abuse: A Journal of Research and Treatment*, **17 (3)**, 313-331.

Wall, T. D., Sellbom, M., & Goodwin, B. E. (2013). Examination of intelligence as a compensatory factor in non-criminal psychopathy in a non-incarcerated sample. *Journal of Psychopathology and Behavioral Assessment*, **35 (4)**, 450-459.

Wallin, J. W. (1945). Questions and answers: Mental deficiency, psychopathy, and delinquency. *Journal of Criminal Law and Criminology*, **36 (2)**, 116-120.

Walsh, A. (1987). Cognitive functioning and delinquency: Property versus violent offenses. *International Journal of Offender Therapy and Comparative Criminology*, **31 (3)**, 285-289.

Walsh, A., Petee, T. A., & Beyer, J. A. (1987). Intellectual imbalance and delinquency:

Comparing high verbal and high performance IQ delinquents. *Criminal Justice and Behavior*, **14 (3)**, 370-379.

汪金芳・大内俊二・景平・田栗正章（1992）．第 II 部ブートストラップ法——最近までの発展と今後の展望—— *行動計量学*, **19 (2)**, 50-81.

汪金芳・田栗正章（1996）．ブートストラップ法——2 標本問題からの考察—— *統計数理*, **44 (1)**, 3-18.

Ward, D. A., & Tittle, C. R. (1994). IQ and delinquency: A test of two competing explanations. *Journal of Quantitative Criminology*, **10 (3)**, 189-212.

Ward, S., & Williams, J. (2015). Does juvenile delinquency reduce educational attainment? *Journal of Empirical Legal Studies*, **12 (4)**, 716-756.

渡辺晋吾・植田満・大山晋・伊藤雅子（2010）．非行少年の認知特性——WAIS-III 下位検査プロフィールの分析から—— *犯罪心理学研究*, **47 (特別号)**, 140-141.

Wechsler, D. (2003a). *Technical and Interpretive Manual for the Wechsler Intelligence Scale for Children-Fourth edition*. NCS Pearson, Inc., U.S.A.（日本版 WISC-IV 刊行委員会（2010a）．*日本版 WISC-IV 理論・解釈マニュアル* 日本文化科学社）

Wechsler, D. (2003b). *Administration and Scoring Manual for the Wechsler Intelligence Scale for Children-Fourth edition*. NCS Pearson, Inc., U.S.A.（日本版 WISC-IV 刊行委員会（2010b）．*日本版 WISC-IV 実施・採点マニュアル* 日本文化科学社）

Weider, A., Levi, J., & Risch, F. (1943). Performances of problem children on the Wechsler-Bellevue Intelligence Scales and the revised Stanford-Binet. *The Psychiatric Quarterly*, **17 (4)**, 695-701.

Werner, S. S., Hart, K. J., & Ficke, S. L. (2016). Intelligence score profiles of female juvenile offenders. *Journal of Psychoeducational Assessment*, **34 (3)**, 296-300.

White, S. F., Cruise, K. R., & Frick, P. J. (2009). Differential correlates to self-report and parent-report of callous-unemotional traits in a sample of juvenile sexual offenders. *Behavioral Sciences & the Law*, **27 (6)**, 910-928.

White, J. L., Moffitt, T. E., Caspi, A., Bartusch, D. J., Needles, D. J., & Stouthamer-Loeber, M. (1994). Measuring impulsivity and examining its relationship to delinquency. *Journal of Abnormal Psychology*, **103 (2)**, 192-205.

White, J. L., Moffitt, T. E., & Silva, P. A. (1989). A prospective replication of the protective effects of IQ in subjects at high risk for juvenile delinquency. *Journal of Consulting and Clinical Psychology*, **57 (6)**, 719-724.

Whitney, F. L. (1923). Intelligence levels and school achievement of the white and the colored races in the United States. *The Pedagogical Seminary*, **30 (1)**, 69-86.

Wilgosh, L., & Paitich, D. (1982). Delinquency and learning disabilities: More evidence. *Journal of Learning Disabilities*, **15 (5)**, 278-279.

Williams, J. H. (1916). Intelligence and delinquency: A study of two hundred and fifteen cases. *Journal of the American Institute of Criminal Law and Criminology*, **6 (5)**, 696-705.

山口雅敏・白石恭子・東海林知子・浦尾洋旭・只野智弘・中島賢（2007）．WISC-III によって査定された認知特性と心理要因との関係　*犯罪心理学研究*，**44（特別号）**，150-151.

山村穂高・藤岡淳子・馬場誉史亞（1996）．行刑施設における類型別指導の事例的研究——精神発達遅滞群の対人技術向上に焦点をあて——　*犯罪心理学研究*，**33（特別号）**，176-177.

山崎幸恵（1998）．非行少年の知能の特徴についての一考察——クラスター分析によるプロフィールから——　*犯罪心理学研究*，**35（特別号）**，70-71.

吉川恭世・神垣一規（2016）．非行少年に対する新田中 B 式知能検査の因子構造について　*犯罪心理学研究*，**53（特別号）**，194-195.

Yun, I., & Lee, J. (2013). IQ and delinquency: The differential detection hypothesis revisited. *Youth Violence and Juvenile Justice*, **11 (3)**, 196-211.

Zolondek, S. C., Abel, G. G., Northey, W. F., & Jordan, A. D. (2001). The self-reported behaviors of juvenile sexual offenders. *Journal of Interpersonal Violence*, **16 (1)**, 73-85.

Conclusion

おわりに

　「スーツ着てネクタイ締めてるやつにほんまのことなんか言うわけないやろが！」。心理判定員になって、初めて触法少年と面接した一時保護所で浴びせられた言葉です。公務員時代を通して著者がスーツもネクタイも着用しなかったことの言い訳をしているわけではありません。それはひとえに著者に常識が欠けていただけの話だと思います。ただ、この少年の言葉は就職して社会人になったばかりの著者に、自分の思春期を思い出させてくれました。別に大人たちを信用していなかったわけではないのですが、「大人にはわからない」と思うことはあったように思い出されます。今にしてみれば単なる思春期心性であり、ロックに憧れるのと同じメカニズムだったのかもしれません。要するに、大人を敵視するような言葉に憧れただけだったように思います。でも、この少年は家庭背景からも、非行に陥った事実からも、おそらく本当にそう感じていたのでしょう。やがて、臨床経験を積み、研究実績を上げ、児童相談所のなかでも実力が認められ始めた頃、著者は「どこに出しても恥ずかしい」と所属長に言われる稀有な児童心理司となりました。

　昔話はさておき、本書は著者が児童相談所時代に感じていた犯罪心理学における方法論の問題に取り組んだ成果です。心理学の教科書には、実験群と統制群を無作為配置して要因をコントロールしたうえで統計処理を行い、結論を導くという類の方法論が推奨されています。しかし、それは臨床現場の実務家には難しい課題でした。仕方なく、非行群と不登校群を比較して、非行群の特徴を描き出すような調査研究を繰り返してきましたが、それでも方法論に対する違和感は消えませんでした。さらに、統計的仮説検定に対する批判が心理学の近接領域各地で勃発していました。そのため、2007年に日本犯罪心理学会の『犯罪心理学研究』に投稿した初めての論文「児童相談所に係属した被虐待児の知的特性」から、統計量とp値

だけでなく、検定力分析と効果量を報告しました。当時の『犯罪心理学研究』には、誰もそこまでの分析結果を記載していませんでした。検定力分析と効果量を報告した論文をその後も何報か発表しましたが、心理学界隈で「再現可能性問題」が囁かれるようになり、方法論的な問題意識はますます強くなっていきました。こうなってくると、自分が2007年以降に発表してきた論文にも自信がなくなってきます。そこで、2016年に「犯罪臨床におけるモンテカルロ法を用いた比較研究の可能性 —— 非行少年への知能検査による例証 —— 」を日本犯罪学会の『犯罪学雑誌』に投稿しました。この論文では自らの研究を自らの手で否定するような形になりました。しかし、科学者の態度としては間違っていないと思っています。技術の進歩により、古い知見が書き直されていくのは、それがたとえ自分が産み出したものの否定であっても前進です。そして、新しい方法論を学習した後進の犯罪心理学者が、著者の陥った失敗を経ることなく、次なる研究を発展させていくことができるなら、このプロセスには意味があったと思います。

　本書の出版に際しては、数多くの方々に支援を賜りました。ここに記して謝意を述べたいと思います。著者が社会人になってから最初の上司であり、本書の監修者として「巻頭言」を執筆いただいた愛育研究所の山本恒雄客員研究員には、臨床のイロハを教えてもらっただけでなく、臨床家は科学者であるべきとの姿勢をインプリンティングしていただきました。また、児童相談所時代最後の上司であり、本書の監修者として「あとがき」を執筆いただいた大阪府中央子ども家庭センターの薬師寺順子所長からは、著者が大学へ転職したあとも、昨今の児童相談所が抱える課題についてご教示いただきました。他にも、公務員から大学教員へというキャリアが並行しているだけでなく、犯罪心理学と統計科学に関して切磋琢磨し続けること20年来の盟友である目白大学の財津亘准教授、著者と同様に「PSYCHO-PASS」（アニメ）ファンというだけでなく、本書の確率論に対して貴重な示唆をいただいた株式会社 AiCAN の代表取締役でもある人工知能研究センターの髙岡昂太主任研究員など、多数のみなさまのお力添えが

あり、本書が完成したことをここに深謝致します。

　なお本書の表紙絵は、児童心理司でありながら子どもの描いた木の絵から何一つ読み取ることのできなかった「美術2」の著者に代わって、本書のイメージを的確なモチーフに描出してくれた「美術5」の愛娘沙耶香によるものです。遺伝しなくてよかったと心から安堵しています。

　最後に本書出版に際しては、統計科学を前面に出した「売れるはずもない」学術書の刊行を引き受けるべく尽力していただいた(株)現代図書の石原恵子さんに謝意を表したいと思います。

　　床も椅子もキャビネットもすべてが紫にまみれた研究室に腰を据えて

2023年3月

緒方 康介

表紙イラスト：緒方沙耶香

あとがき

大阪府中央子ども家庭センター 所長

薬師寺 順子

　本書のテーマである触法少年に対応する児童相談所は、令和元（2019）年度の全国児童相談所における全相談対応件数 544,698 件のうち、虐待相談 193,780 件（35.6％）である中、非行相談 12,410 件（2.3％）であり、10年前と比較すると、平成 21 年度全相談対応件数 371,800 件のうち、虐待相談 44,211 件（11.9％）と 10 年で 4.4 倍に急増し、非行相談は 17,690 件（4.8％）と約 3 割減少している状況である。

　児童相談所現場の実態から見ても、虐待相談対応件数の増加とともに、虐待通告受理から始まる一連の虐待対応について、初期調査・初期アセスメント、子どもの安全確認・安全確保、保護者指導、虐待を受けた子どものアセスメントと心理的ケア、養育環境調整、子どもの自立支援と多岐にわたり、それぞれの援助過程に工夫と専門性が求められており、業務のメインとなっている。そのため、虐待相談以外についての専門性を高める努力が十分できていない状況にある。

　また、令和元（2019）年度全国児童相談所の虐待相談の相談経路別では、警察が 96,473 件と一番多く、平成 21（2009）年度 6,600 件から、10 年で 14.6 倍に急増している。そのため児童相談所と同様に、警察も児童虐待対応にシフトしていることが読み取れる。

　児童相談所における触法相談の実態は、虐待相談で関わっていた延長線上で触法相談に対応する場合と、触法相談が初回の関わりとして対応する場合がある。前者の場合、本書にもあるように、子どもにとって不適切な養育環境（保護者による虐待やネグレクトを含む）が触法行為に影響を与えており、児童相談所は、要保護性の観点から、子どもの安全確保、親子

関係の再構築、保護者への養育課題に支援の焦点を当てることになる。しかしながら、同じ養育環境に育ったきょうだいがすべて触法行為に至るわけではない。そこに、子ども一人ひとりの知的能力を含む発達特性や情緒的な状態などの心理学的アセスメントと、継続的な個別的支援や心理教育の必要性が示唆される。後者の場合、触法行為に至る具体的な事実経過の把握とともに、乳児期からどのような養育環境にあったのかを調査した上で、子ども自身の知的能力を含む発達特性や情緒的な課題についてアセスメントを行っている。いずれの場合も、援助方針会議をもって、触法行為の再発を防ぐために、今の養育環境において支援を継続することが適切なのか、養育環境そのものを変えて子ども自身の成長を促し課題に向き合える環境を整えるのか、具体的には児童自立支援施設入所や家庭裁判所送致とするのか、を検討している。

　児童相談所において、触法相談に対応する上での困難や課題については、大きく3点あると考えている。1つは、警察からの通告が、非行行為のある子どもについても、要保護性に焦点を当てた対応が優先されて要保護児童通告となり、非行行為の事実経過の把握が十分できないまま、養育環境や虐待リスクのアセスメント、子ども本人の心理学的アセスメントが中心となっていることである。できる限り子どもが安全に養育される環境を整える支援とともに、子どもの知的能力を含む発達特性を詳細にアセスメントし、犯罪（触法行為）を防ぐための環境調整や子どもへの心理教育等の支援が必要である。2つ目は、全相談件数における非行相談件数が少ないことに見られるように、非行相談に対応する児童福祉司・児童心理司の経験の蓄積が十分ではないことである。そのため、大阪府子ども家庭センターでは非行相談専任担当児童福祉司を配置しているが、児童心理司については、体制整備の段階にあることから専任化できていない。子どもの発達面や情緒面の心理学的アセスメントを担う児童心理司が、犯罪（非行）リスクの観点からも、そのアセスメント結果を分析し、保護者と共有し、子どもの特性を踏まえた養育の工夫を提案し、学校等所属機関とも連携し

て子どもに必要な心理教育の理解を促す働きかけは十分ではない。3つ目は、児童相談所が非行相談対応の経験の蓄積が困難な状況にある中、14歳未満の触法相談を含む非行相談の専門機関が児童相談所に限られ、支援を提供する社会資源が不足していることである。被害者に深刻な心的外傷を与える性暴力や、暴行傷害を犯した子どもへの支援は、児童相談所の一時保護所の環境や支援体制の現状、児童自立支援施設の現状からも困難な状況にある。しかしまた、家庭裁判所送致を検討しても少年鑑別所の処遇環境から低年齢児童の受け入れは困難な状況にある。被害者を作らないためにも、犯罪リスクを低減させることを目的とした子どもへのケアや支援、心理教育は必要であるが、提供できる適切な社会資源が不足している現状にある。

　以上のような課題を抱える児童相談所の実践において、本書はどのような役割を果たしうるのであろうか。児童相談所児童心理司として実践を重ねてきた筆者は、総合考察した触法少年の知能プロファイリングにおいて、いくつかの臨床的示唆を示している。たとえば、処理速度の相対的な高さとして、「触法少年は IQ が同程度の子どもと比較した場合、素早さに特徴のある知的能力を持っていると考えるのが妥当である」「触法少年のように低年齢の児童を対象に非行臨床に挑むならば、単純な思考を抑制し、少しでも熟考できる認知的構えを形成するための治療教育が1つの目標になると考える」と示しており、児童相談所実践において、子どもの触法行為を抑制する有用な方法について学ぶことができる。また、言語理解の相対的な低さとして、「低年齢とはいえども触法少年にも Gc（理解知識）の相対的な低さが確認された」「（こうした知見に鑑みると、）学校適応、とりわけ、学力との関係性を無視することはできない」と示している。学校教育体制の厳しさを理解しつつも、子どもの学習する権利を守るために、児童相談所が学校現場に何を働きかけるべきかを改めて考える契機となった。

　本書はリサンプリングを用いた新しい方法論を用いて、児童相談所の実践において、子どもの将来の生きづらさにつながる、触法行為を防ぐた

めに、子どもに必要な環境をまわりの大人がどのように整え、どのような
方法で能力を伸ばすことが適切なのかという重要な点について示唆して
いる。

■ 著者プロフィール

緒方 康介（おがた こうすけ）

大阪公立大学大学院生活科学研究科総合福祉・臨床心理学分野、教授。1980 年生まれ。泉北ニュータウン出身。修士課程を中退し、大阪府に入庁。児童心理司として、16 年間で4 カ所の児童相談所（子ども家庭センター）に勤務し、児童虐待と少年非行の臨床・研究に従事。公務の傍ら、博士（後期）課程を修了。大阪府を退官後、大阪大谷大学人間社会学部での専任講師を経て現職。専門は、犯罪心理学、計量心理学。公認心理師、社会福祉士、精神保健福祉士、博士（創造都市）。

主な著書に、『被虐待児の知能アセスメント』（多賀出版）【単著】、『虐待された子どもの知能心理学』（多賀出版）【単著】、『"暴力死"による被害者遺族のトラウマ症状』（多賀出版）【単著】、『司法・犯罪心理学』（ミネルヴァ書房）【分担執筆】、『講座精神疾患の臨床 3』（中山書店）【分担執筆】、『児童心理学の進歩 2021 年版』（金子書房）【分担執筆】など。

■ 監修者プロフィール

山本 恒雄（やまもと つねお）

社会福祉法人恩賜財団母子愛育会愛育研究所 客員研究員。1975 年 同志社大学文学部文化学科心理学専攻卒。1975〜2008 年まで、大阪府児童相談所（子ども家庭センター）各所で、心理判定員（児童心理司）、青少年相談担当児童福祉司、健全育成課長、次長兼虐待対応課長として勤務。

2008〜2015 年 社会福祉法人恩賜財団母子愛育会 日本子ども家庭総合研究所部長として厚生労働省科学研究、子ども虐待対応手引きの作成等に従事。2015 年より現職。その他、日本子ども虐待防止学会理事、性暴力救援センター大阪 SACHICO 理事、子ども家庭福祉学会理事、虐待防止協会（大阪）理事、厚生労働省社会福祉審議会委員、法務省、内閣府、警察庁の検討会委員や自治体の社会福祉審議会委員、助言者、虐待対策強化事業等の実施担当者などを務めてきている。

専門分野は、子ども家庭福祉ソーシャルワーク、子ども虐待、性的虐待など。臨床心理士。

藥師寺 順子（やくしじ じゅんこ）

大阪府中央子ども家庭センター所長。1988 年 大阪府立大学社会福祉学部卒業。1988 年 大阪府入庁（社会福祉職）、大阪府東大阪児童相談所に勤務。以降、大阪府子ども家庭センター（児童相談所）児童福祉司として児童家庭相談等を担当。2005 年より厚生労働省女性保護専門官を経験。2015 年より大阪府福祉部子ども室家庭支援課長として、主に児童虐待対策、DV 対策、子ども家庭センター・市区町村児童家庭相談体制支援、社会的養護を担当。2018 年より大阪府岸和田子ども家庭センター所長、2021 年より現職。

触法少年の知能プロファイリング　　犯罪心理学へのシミュレーション・アプローチ

2023 年 3 月 31 日　初版第 1 刷発行

著　者　　緒方 康介
発行者　　池田 廣子
発行所　　株式会社現代図書
　　　　　〒 252-0333　神奈川県相模原市南区東大沼 2-21-4
　　　　　TEL　042-765-6462　　　　　　FAX　042-765-6465
　　　　　振替　00200-4-5262
　　　　　https://www.gendaitosho.co.jp/
発売元　　株式会社星雲社（共同出版社・流通責任出版社）
　　　　　〒 112-0005　東京都文京区水道 1-3-30
　　　　　TEL　03-3868-3275　　　　　　FAX　03-3868-6588
印刷・製本　株式会社アルキャスト